QUE SAIS-JE ?

Le roman-feuilleton français au XIXᵉ siècle

LISE QUEFFÉLEC

ISBN 2 13 042384 1

Dépôt légal — 1re édition : 1989, mai

© Presses Universitaires de France, 1989
108, boulevard Saint-Germain, 75006 Paris

INTRODUCTION

Le XIXe siècle est encore parmi nous, nous ne l'avons pas quitté. L'engouement public et les anathèmes critiques qui accueillent aujourd'hui les séries feuilletonesques télévisées rappellent jusque dans le détail ce qui se passa il y a quelque cent cinquante ans. Comment ne pas être frappé par l'éclatante continuité du mouvement par lequel, depuis la fin du XVIIIe siècle jusqu'à nos jours, une mise en forme de l'imaginaire dans des fictions s'offre au grand public pour son plaisir et son divertissement, tandis que sur les marges, à des degrés divers de déconstruction et de réélaboration du matériau imaginaire et fictionnel commun, se cherchent de nouveaux langages ? Faire l'histoire du roman-feuilleton au XIXe siècle, c'est faire la préhistoire de ce régime « de masse » de l'expression et de la communication culturelles dans lequel nous vivons encore aujourd'hui.

Virtuellement, et bien avant que le public puisse être dit « de masse », le public de la démocratie est universel, indifférencié. C'est à tout homme que prétend s'adresser la parole politique. A tout homme aussi voudra, tout d'abord, s'adresser l'écrivain. Corrélativement, la littérature entre, au cours du XIXe siècle, dans le circuit de la production capitaliste, elle devient « industrielle », selon le mot (méprisant) de Sainte-Beuve. Si l'écrivain veut vivre de son art, il lui faut vendre, donc plaire. Mais pour plaire au plus grand nombre, ne faut-il pas renoncer à son individualité, vendre son âme, pire, sa plume ? L'écrivain ne doit-il pas plutôt, loin de la foule profane, se consacrer à un art dont les arcanes, comme ceux des antiques mystères, seront accessibles aux seuls initiés, avant-gardes d'une postérité qui recevra seule le poète en sa gloire ? Ce dilemme, qui partage encore notre modernité, est consubstantiel à la démocratie, il en modèle la littérature, les arts, la culture. Ce dilemme, dans le domaine littéraire, s'est cristallisé, au XIXe siècle, autour du premier des mass media : le *journal*. Les fictions que notre époque contemporaine, de par la multiplication des médias, brasse en autant d'écrits, de films, de feuilletons télévisés, bandes dessinées ou romans-photos, c'est au XIXe siècle le journal quotidien qui les diffuse, et cela s'appelle par un curieux retournement le feuilleton-roman, avant de s'appeler roman-feuilleton.

Le roman, parce que c'est la forme de littérature la plus prisée par le public de masse — au XIXe siècle, on dit : populaire — le roman, qui, genre d'abord mineur et dédaigné, a pris de plus en plus d'importance depuis la fin du XVIIIe siècle, va devenir, grâce au feuilleton, le genre littéraire dominant jusqu'à la fin du siècle. Le roman-feuilleton apparaît sur la scène publique en 1836 et provoque très vite un tel engouement qu'éclate le scandale, celui qui accompagne toujours les phénomènes d'ampleur collective, lesquels suscitent la suspicion des autorités et le dédain des gardiens de la culture. On s'effare : l'imagination menace d'engloutir la raison, le plaisir prime la vertu politique, la fascination de la fiction détourne l'attention du réel, bref : le roman-feuilleton, c'est l' « opium du peuple ».

Le scandale, en somme, ne fera que croître, en

même temps que se développe le public, et que se diversifient les modes de reproduction (divers types d'édition, de moins en moins chers, introduction de l'image — illustration et publicité — jusqu'à l'apparition du film, dans les années 1910, qui reprend massivement, dans un premier temps, le contenu des romans-feuilletons). Roman-feuilleton devint bien vite synonyme de mauvaise littérature, de roman pour les femmes, les enfants, les vieillards, le peuple (sens restreint), la concierge, l'épicier, les domestiques, les oisifs, avant qu'on ne s'avisât de juger (vers la fin du siècle) qu'il ne s'agissait probablement pas de littérature du tout, opinion qui a encore ses tenants.

Et pourtant le roman-feuilleton, en tant que mode de diffusion, domine tellement le marché qu'il devient le lieu de passage obligé de presque toute la production romanesque du siècle : de Balzac à Zola, d'Eugène Sue à Gaston Leroux, de Dumas à Maurice Leblanc (le créateur d'Arsène Lupin), mais aussi de Gautier à Barbey d'Aurevilly, de Duranty à Huysmans, et j'en passe, tous ont défilé dans le feuilleton. C'est que le journal est la seule vitrine du roman, en ce siècle, qui ne possède, en fait de prix littéraires, que ceux de l'Académie, qui n'ont guère d'écho dans le grand public, et qui ne jouit pas encore d'*Apostrophes*. Et en un siècle où l'écrivain se doit de gagner sa vie à la pointe de sa plume, le journal est le seul moyen de se faire connaître et de vendre. Faire l'histoire du roman-feuilleton, c'est donc tout d'abord replacer le roman du XIXe siècle dans son milieu de réception originel, le journal, pour sa plus grande partie (parfois la revue), et dans les débats, politiques et culturels, qui ont accompagné sa naissance et son développement. Mais c'est aussi placer les auteurs qu'a retenus notre modernité dans son Panthéon (Balzac,

G. Sand, Flaubert, Zola, Maupassant, Barbey d'Aurevilly, etc.) au regard de l'immense masse romanesque de laquelle ils émergent (ils la connaissent tous fort bien) et contre laquelle, en un même mouvement, leur œuvre se constitue.

Cette opération est importante : il n'est pas moins nécessaire de connaître et d'analyser l'ordinaire de la communication littéraire que son extraordinaire, le centre que les marges. Car, s'il faut parler de marginalité, c'est bien à contresens que l'on applique le terme au roman-feuilleton populaire — à Dumas, Sue, Ponson du Terrail, Féval, Gaboriau, Montépin, Richebourg, G. Leroux... Eux sont au centre : au centre de la lecture (de tous), au centre de l'idéologie, au centre de l'imaginaire. Ce sont les autres, « les grands » qui, à des degrés divers et selon des modes divers, écrivent dans les marges. C'est chez ces feuilletonistes populaires que s'élabore en lieux communs l'imaginaire d'une époque dans laquelle plongent nos racines vives. En sont témoins, outre le plaisir renouvelé que nous éprouvons à lire et relire tel ou tel texte de Dumas, de Féval, de Gaboriau, de Gaston Leroux, les innombrables adaptations en BD, films ou séries télévisées (feuilletonesques !) auxquelles donnent encore lieu les grands textes populaires : tout récemment les *Pardaillan* de Zévaco, naguère *Arsène Lupin, La porteuse de pain* de Montépin, *La poupée sanglante* de Leroux, *La dame de Montsoreau* de Dumas, *Belphégor* de Bernède...

Cette littérature nous parle, elle continue à nous parler, elle nous concerne autant que la littérature élitaire qui s'est, de plus en plus au cours du XIXe siècle, construite contre elle. Aussi, quoique le roman-feuilleton, au sens rigoureux du terme, soit, je l'ai déjà dit, à peu près l'ensemble du roman du XIXe siècle, je laisserai de côté les étoiles de ce monde romanesque, pour m'intéresser à l'immense nébuleuse, moins connue. Je ne prétends point en dresser une carte détaillée, l'entreprise serait prématurée : j'ai entendu tout au plus tracer quelques chemins, une invite à l'aventure, en somme, un guide de voyage.

Les trois périodes distinguées (1836-1866, 1866-1875, 1875-1914) l'ont été en fonction de critères internes au matériau romanesque, mais j'ai essayé de le replacer, à chaque fois, dans son contexte social, politique et culturel. Cette périodisation n'a du reste qu'une valeur relative, comme toute périodisation. Il y a une opposition nette, au niveau des thèmes, des motifs, des structures, entre le roman-feuilleton romantique, celui des années 1830 et 1840 surtout, et le roman-feuilleton de la fin du siècle (années 1875-1900). Entre les deux se situe une période complexe, mouvante, où se déplacent les frontières des sous-genres romanesques, où se transforme le rapport entre le texte et l'idéologie, où émergent des figures, des structures nouvelles. Une relève des générations se fait également tout au long de cette période. Enfin, j'ai arrêté le siècle en 1914, non seulement parce que, bien sûr, la guerre de 1914-1918 est une coupure historique fondamentale, dont les répercussions sont constitutives aussi sur les plans imaginaire, symbolique et culturel, mais parce que c'est bien de 1914-1918 qu'il faut dater l'entrée du roman-feuilleton dans l'ère contemporaine, où, concurrencé par les médias naissants (radio, cinéma, BD, roman-photo), et aussi par les progrès de l'édition bon marché, il deviendra seulement un mode parmi d'autres (et plutôt mineur) de diffusion de la littérature de masse. En cette période se dessinent déjà nettement (à l'issue d'une évolution dont nous avons essayé de retracer les étapes) les différents genres populaires qui restent ceux de notre époque : policier et série noire, romans d'espionnage, romans sentimentaux, fantastique et science-fiction...

La vie littéraire se nourrit d'échanges, de mélanges, de rejets, de sélections, comme la vie biologique et sociale. C'est à faire prendre conscience de cette vie foisonnante que vise ce petit livre, car, ainsi que le dit W. Benjamin, « seule une science qui renonce à son caractère de musée peut substituer le réel à l'illusion ». Ce livre se veut aussi une invite : à ne pas bouder notre plaisir et à ne pas le dénier non plus. On peut aimer à lire Proust et Kafka — et aussi Dumas, Féval, la BD, la série noire ou le roman policier. Ils sont à explorer et à comprendre l'un et l'autre, voire l'un par l'autre.

CHAPITRE PREMIER

L'ÂGE ROMANTIQUE
DU ROMAN-FEUILLETON
(1836-1866)

LE ROMAN-FEUILLETON
SOUS LA MONARCHIE DE JUILLET

I. — Avant le roman-feuilleton

C'est en 1836 que naît véritablement le « roman-feuilleton » (roman publié par tranches dans le « feuilleton » des quotidiens — c'est-à-dire dans un espace réservé au bas du journal, le « rez-de-chaussée »). Mais seule l'histoire antérieure du roman, et le changement du contexte politique et culturel, peuvent faire comprendre les raisons et les effets de cette association du roman et de la presse.

C'est vers la fin du XVIIIᵉ siècle qu'on commence à voir dans le roman la forme la mieux adaptée à l'esprit moderne. Avant les romantiques, Mme de Staël, dans l'*Essai sur les fictions*, plaide pour les droits de l'imagination et l'aptitude particulière du roman à peindre les mœurs des nations. En même temps, les romans « gais » de Pigault-Lebrun (1753-1835) et les romans « noirs » de Ducray-Duminil (1761-1819), pour ne citer que les plus célèbres, connaissent dès la Révolution et pendant toute la Restauration un succès considérable, et se vendent déjà dans des collections de romans « populaires », comme celle du libraire Barba : ils ont connu un nombre d'éditions considérable et nourri toute la génération des feuilletonistes romantiques : Dumas, Féval, Sue, Soulié...

Les Romantiques ont achevé cette promotion du roman au rang de littérature, par l'intermédiaire d'un genre de roman qui prend tout son développement sous la Restauration : *le roman historique*. Le roman, comme histoire des mœurs, histoire privée, pouvait passer pour un mode mineur de l'histoire, plus accessible au profane, mais gardant de son rattachement à l'histoire un reflet de vérité. La vogue universelle en France de W. Scott (principalement entre 1826 et 1835) et de F. Cooper, le romancier du *Dernier des Mohicans*, qui écrivit également de nombreux romans sur la guerre d'Indépendance, témoigne de cet engouement pour le roman historique. Scott et Cooper restèrent d'ailleurs les référents obligés de tous les romanciers feuilletonistes pendant une bonne partie du siècle. Il existe une production massive de romans historiques entre 1815 et 1830, dont l'histoire littéraire n'a guère retenu, en général, que *Cinq-Mars* de Vigny (1826), *La chronique du règne de Charles IX* de Mérimée (1829), *Les Chouans* de Balzac (1829) et *Notre-Dame de Paris* de Hugo (1831). Le roman-feuilleton a pris la suite, et le roman historique peut passer pour l'un de ses genres principaux — l'autre, le roman de mœurs contemporaines, dans la lignée de Balzac, n'est pas fondamentalement différent ; c'est une histoire du temps présent : Balzac, dans l'*Avant-propos* de *La Comédie humaine*, ne situe-t-il pas son entreprise dans la lignée de celle de Scott ?

Ainsi, dès le début de la Monarchie de Juillet, se trouve formé le moule idéologique où viendra se couler le roman-feuilleton : le roman genre majeur, la forme romanesque conçue comme la plus propre à donner forme épique à la constitution du social, et à toucher le plus vaste public.

C'est parce que sa séduction était reconnue que des patrons de presse eurent l'idée de l'exploiter au profit de l'accroissement du lectorat des journaux.

II. — Naissance et débuts
du roman-feuilleton : 1836-1842

La publication de romans dans des périodiques, du reste, n'était pas nouvelle. Les grandes revues littéraires comme *La Revue de Paris* et *La Revue des Deux Mondes*, bimensuelles, avaient publié, dès 1829, des romans de Balzac, E. Sue, A. Dumas, A. Karr, Vigny, G. Sand...

Ce qui était nouveau, c'était l'entrée du roman dans une presse quotidienne d'orientation, jusque-là, essentiellement politique et de tirage relativement restreint. Il existait bien, dès 1800, dans les journaux quotidiens, un espace baptisé « feuilleton », mais il n'était pas dédié au roman. Il fut, jusqu'en 1836, principalement consacré à la critique littéraire, souvent de qualité, à la critique théâtrale, musicale, artistique, au compte rendu académique et au potin mondain — bref, à tout sauf au roman. D'autre part, les journaux coûtaient encore très cher : au début de la Monarchie de Juillet, l'abonnement annuel pour les grands quotidiens de la capitale était de 80 F (un employé de bureau gagne alors de 1 000 à 2 000 F par an, le salaire moyen d'un ouvrier est à peine de 3 F par jour). Aussi le tirage était-il nécessairement restreint. Mais la libéralisation du régime de la presse après la Révolution de Juillet (plus de censure, seul un cautionnement est nécessaire pour fonder un journal), provoqua une expansion dans laquelle le roman-feuilleton joua un rôle, et non des moindres : il permit d'abaisser le prix de l'abonnement en augmentant la clientèle. C'est au nom d'Emile de Girardin qu'est en général associée cette innovation.

En lançant *La Presse*, il ramena l'abonnement de 80 à 40 F. Mais pour attirer l'annonce, il fallait un public

11

accru ; le roman-feuilleton fut l'appât tendu aux abonnés. Armand Dutacq, ancien associé de Girardin, fonda *Le Siècle* sur le même plan. Ils inaugurent tous deux l'ère de la presse de masse.

Les calculs de Dutacq et de Girardin se révélèrent justes : au bout de trois ans, *Le Siècle* avait déjà 30 000 abonnés, *La Presse* en avait, en 1846, 22 000. Entre 1836 et 1845, les principaux quotidiens de Paris suivirent la même voie, publièrent des romans-feuilletons et doublèrent leur tirage.

C'est entre 1836 et 1840 que le roman fit la conquête du feuilleton, dont il chassa peu à peu toutes les autres rubriques, causeries mondaines, fragments historiques, critique littéraire, récits de voyage. Il s'imposa dans le même temps à tous les journaux, malgré la résistance acharnée d'une grande partie de la critique ; les journaux politiques représentant les tendances extrêmes, de droite ou de gauche, *Le National*, *La Quotidienne*, *La Gazette de France*, ne suivirent que partiellement le mouvement, publiant irrégulièrement des nouvelles ou de courts romans. Mais leur tirage resta faible.

Dès ces premières années du roman-feuilleton, parmi toute une foule de feuilletonistes, s'imposent quatre grands noms, qui, du reste, n'étaient pas inconnus en 1836 : *Balzac, Sue, Soulié, Dumas*. Féval ne viendra qu'un peu plus tard. Les œuvres restent dans l'ensemble assez courtes, le rythme de publication parfois capricieux, et si l'on remarque déjà la réserve des critiques et l'engouement grandissant du public, le phénomène du roman-feuilleton ne prend vraiment une ampleur décisive qu'à partir de la publication, en 1842, des *Mystères de Paris* d'Eugène Sue, dans *Le Journal des Débats*.

III. — Les grands succès
de la Monarchie de Juillet

1. La gloire de Sue. — *Les mystères de Paris*,
publié dans *Le Journal des Débats* de juin 1842 à
octobre 1843, changea durablement le paysage littéraire et culturel français.

L'auteur, Eugène Sue (1804-1857), n'en était pas à son coup
d'essai. Fils d'un médecin connu, Eugène avait fait quelques
années de médecine et fréquenté les ateliers de peinture avant de
s'embarquer comme mousse pour un tour du monde qui lui
donna la matière de quelques romans « maritimes », influencés
par Byron et Cooper : *Kernok le Pirate*, *El Gitano* (1830), *Atar-
Gull*, *La Salamandre* (1832), qui sont très remarqués. Il se lança
ensuite dans le roman historique avec *Latréaumont* (1837), une
histoire du siècle de Louis XIV — dont le portrait n'est pas
flatté. C'est le début de la rupture avec les salons aristocratiques
qu'il fréquentait jusqu'alors, rupture qui sera consommée défi-
nitivement avec *Les mystères de Paris*.

Entre 1837 et 1842, Sue fait paraître plusieurs
romans-feuilletons : *Arthur*, *Mathilde*, *L'Hôtel Lam-
bert*, entre autres, dans *La Presse*, *Le colonel de
Surville* dans *Le Constitutionnel*. De maritime ou
exotique, l'aventure s'y fait purement mondaine.
C'est le monde des salons qui est représenté et la société
contemporaine qui devient le cadre du drame. Ces
ouvrages ont un large succès et sont assez bien
reçus de la critique.

Mais son coup de maître, Sue le frappe avec *Les
mystères de Paris*, qui eut, dès les premiers feuilletons,
un étourdissant succès.

Errant dans la Cité, déguisé en ouvrier, le prince Rodolphe
de Gérolstein sauve une jeune prostituée, Fleur de Marie dite la
Goualeuse, des brutalités d'un ouvrier, le Chourineur. Tous deux,
subjugués par son ascendant, content alors leur histoire à Rodolphe,
et il entreprend de les arracher à l'enfer du vice et de la misère en
leur rendant leur propre estime. Lui-même du reste n'est pas

sans reproche : subjugué autrefois par une aventurière, la fatale comtesse Sarah Mac Gregor, il a osé résister à son père et a voulu commettre un parricide. Il expie cette tentative en parcourant le monde à la recherche de bons à récompenser et de méchants à punir, suivi de son fidèle et grotesque Murph. C'est ainsi qu'il affrontera un dangereux et hideux couple criminel, la Chouette et le Maître d'Ecole, sauvera une pauvre et méritante famille d'ouvriers, les Morel, de la misère et de l'oppression du notaire véreux Jacques Ferrand, qui sera cruellement puni. Rodolphe, de plus, mariera l'honnête grisette Rigolette à son bien-aimé Fernand, injustement accusé, tirera celui-ci des griffes de la justice, évitera le déshonneur à Clémence d'Harville, la femme de son meilleur ami, un moment tentée par l'adultère. Le cours de ces aventures lui permet, après de nombreuses péripéties, enlèvements, crimes, etc., au cours desquelles il côtoie la pègre parisienne, de retrouver en Fleur de Marie la fille qu'il a eue de la comtesse Sarah, et que celle-ci avait fait passer pour morte. Sarah meurt dans le repentir et Rodolphe peut enfin épouser Clémence d'Harville, qu'il aime depuis toujours, et qu'un suicide de son mari (délicatement masqué en accident par celui-ci) a opportunément laissée veuve. Il reconnaît publiquement Fleur de Marie. Hélas, celle-ci, couverte d'honneurs, n'en sent que mieux sa honte ineffaçable et meurt de ses souvenirs — expiant en même temps la faute de son père.

Roman mondain, *Les mystères de Paris* est aussi un roman d'aventures exotiques, où les apaches de Paris remplacent ceux de l'Amérique, et un roman populiste, mettant en scène les marginaux de Paris, pauvres, petit peuple, ouvriers, bandits, avec leur langage propre (l'argot), leurs mœurs et leurs destins.

Cette évocation choqua, mais aussi intéressa le public, sensibilisé déjà depuis plusieurs années aux formes modernes du paupérisme et de la criminalité par les enquêtes sociales (Buret, Frégier, Parent-Duchâtelet...). Mais ce qui plaisait avant tout aux foules, c'était l'exotisme et le pittoresque de cette représentation des « sauvages » de Paris. C'était, aussi, Rodolphe, le surhomme mythique, doué de tous les pouvoirs et de toutes les séductions, le mage et le justicier, protecteur des faibles et des opprimés, persécuteur des méchants, vengeur des victimes, « convertisseur » et rédempteur.

Le succès des *Mystères de Paris* fut monumental ; Hugo, Sand, Dumas dévorent le livre et applaudissent. Balzac rage et s'en inspire pour *L'Envers de l'histoire contemporaine*. Du haut en bas de la société, du ministre à la portière, on est suspendu aux péripéties de ce drame quotidien. « Des malades, affirme Th. Gautier, ont attendu pour mourir la fin des *Mystères de Paris*. » On s'arrache les *Débats*, on fait la queue plusieurs heures aux cabinets de lecture pour emprunter le roman. Les lecteurs écrivent en abondance à Sue pour le remercier (« Votre nouveau roman (...) est bien au-dessus de ceux par lesquels les auteurs médiocres tels que les Hugo, les Soulier *(sic)*, les quarts, les tiers, etc., se plaisent à ennuyer leurs lecteurs »), le conseiller, le supplier pour tel ou tel personnage, implorer son aide, envoyer de l'argent. Sue lui-même finit par se prendre pour le prince Rodolphe, parcourt comme lui les faubourgs pour offrir aide et sympathie, adhère aux théories socialisantes de l'époque, et parsème de plus en plus son roman de tirades moralisantes.

Un événement de cette ampleur « médiatique » dirait-on de nos jours, ne pouvait que déchaîner les passions politiques. Pendant que les conservateurs quelque peu embarrassés tentent de reprendre à leur compte l'aspect moralisant du livre (car au bout du compte, Sue ne prône guère que le patronage pour remédier aux plaies sociales), la légitimiste *Gazette de France*, par la plume de son critique littéraire Nettement, ne laisse pas passer l'occasion de souligner malignement l'immoralité de ces pages auxquelles l'organe de la bourgeoisie au pouvoir donne asile : et de prouver que c'est là une pente fatale, lorsqu'on a renié son Dieu et son roi légitime. La gauche parlementaire reste méfiante face à ces débordements d'imaginaire, quand elle n'est pas résolument hostile, comme le député Chapuys-Montlaville, auteur d'interpellations foudroyantes au parlement. Seuls les fouriéristes *(La Phalange, La*

Démocratie pacifique) battent des mains. Mais Marx reste critique : évoquant l'œuvre de Sue dans *La Sainte Famille* (1845), il en dénoncera l'idéologie paternaliste et l'aspect mystificateur. Au milieu de ces louanges et critiques, le livre se répand partout : les traductions abondent en italien, en allemand, en hollandais. En Angleterre, Sue éclipse Dickens. Les *Mystères* surgissent de partout. La pièce adaptée du roman fait un succès le 13 février 1844 à la Porte-Saint-Martin. Lithographies, caricatures, assiettes, éventails, etc., reproduisent les personnages et les scènes des *Mystères*.

Et pourtant, ce succès sera encore dépassé par celui du *Juif errant*, acheté 100 000 F par *Le Constitutionnel*, et publié dans le journal du 25 juin 1844 au 26 août 1845 : immédiatement 20 000 lecteurs s'abonnent au journal qui n'avait plus que 3 600 abonnés.

Le roman nous conte les multiples péripéties de la lutte menée (entre octobre 1831 et juin 1832) entre les descendants du Juif errant, héritiers d'une immense fortune accumulée depuis des siècles, et la Compagnie de Jésus qui veut détourner cette fortune à son profit. Ces descendants, au nombre de sept, appartiennent à tous les milieux sociaux. Pour mettre la main sur la fortune convoitée, les jésuites ne reculent devant aucun moyen : ruses, hypocrisie, violences, crimes, tout leur est bon. Leurs alliés sont Morok, un dompteur de fauves, et Feringhea, un étrangleur de l'Inde. Ceux des héritiers sont Dagobert Baudouin, le vieux soldat de l'Empire, son fils Agricol, ouvrier exemplaire et poète, « La Mayeux », bossue au cœur d'or, poète elle aussi.

Représentés par l'aristocratique abbé d'Aigrigny et le populaire Rodin, les jésuites se servent du choléra qui envahit Paris, et de la naïve générosité de leurs victimes pour les éliminer toutes successivement. Mais le trésor est alors détruit par son antique gardien. Seule la famille Baudouin échappe au massacre général, et trouve le repos dans une vie patriarcale et champêtre, tandis qu'une conclusion allégorique nous montre le Juif errant et Salomé obtenant enfin le pardon et la mort, prélude à une aube nouvelle pour la femme et le peuple dont ils sont le symbole.

Ce roman engagé, qui désigne sans ambiguïté les bons et les méchants, les coupables et les innocents, était aussi un pamphlet anti-clérical qui se reliait à un sujet d'actualité brûlant : le débat autour de la loi sur l'enseignement, qui réveillait alors dans une partie du peuple et de la bourgeoisie une hostilité latente contre l'Eglise et particulièrement contre les Jésuites. Il fonde toute une tradition du roman engagé et anticlérical qui se maintiendra jusqu'à la fin du siècle.

En cette année 1844, point culminant du triomphe de Sue, le roman-feuilleton entre dans son ère d'expansion : fin août 1844 sort *Splendeurs et misères des courtisanes*. *Le Siècle* publie du 14 mars au 14 juillet 1844 *Les trois mousquetaires* de Dumas. *Le Journal des Débats* entame le 28 août *Le comte de Monte-Cristo* du même Dumas, Hugo songe aux *Misérables* (commencé en 1847).

Après *Le Juif errant*, Sue continuera à publier de nombreux romans-feuilletons : *Mémoires d'un valet de chambre* dans *Le Constitutionnel* en 1846 (qui deviendront *Martin, l'enfant trouvé*), puis *Les sept péchés capitaux* à partir de 1847 dans *Le Constitutionnel*. Ces œuvres ont un succès certain. Mais d'autres noms éclipsent maintenant celui de Sue. C'est d'abord *Dumas* qui, déjà célèbre comme dramaturge, puis romancier, va, dès 1845, ravir à Eugène Sue la couronne du roman-feuilleton.

2. **Les cycles dumasiens.** — Alexandre Dumas (1802-1870) est le fils d'un général d'Empire dont il a lui-même écrit la légende dans ses *Mémoires*. Après la Révolution de 1830, où il fit avec enthousiasme le coup de feu pour la République, il délaissa vite une place d'expéditionnaire pour se lancer au théâtre, sous l'aile de Nodier et aux côtés de Hugo, avec un succès aussi retentissant et plus durable, dans un premier temps, que celui-ci. *Antony* en 1831, *La tour de Nesle* en 1832, *Kean ou Désordre et génie* en 1836 font

date dans l'histoire du théâtre romantique. A partir de 1832, Dumas écrit des récits historiques, des impressions de voyage, qu'il publie dans les revues et les journaux. Sa fantaisie, son goût du pittoresque, et son art de trousser dramatiquement l'anecdote, s'y donnent libre cours et lui conquièrent là encore les faveurs du public.

Dès les débuts du roman-feuilleton, Dumas publie dans *La Presse* des *Chroniques historiques*, puis se lance dans le roman : *Le capitaine Paul* (*Le Siècle*, 1838), *Le chevalier d'Harmenthal*, (*Le Siècle*, 1841-1842), font date. Mais il faut attendre 1844, *Le comte de Monte-Cristo* et *Les trois mousquetaires*, pour un triomphe comparable à celui d'Eugène Sue.

Dès lors, Dumas s'empare de la scène du roman-feuilleton et semble l'occuper tout entière ; 1844-1846 : *Le comte de Monte-Cristo* dans *Le Journal des Débats*, 1845 : *Vingt ans après* dans *Le Siècle*, *La reine Margot* dans *La Presse*, 1845-1846 : *Le chevalier de Maison-Rouge* dans *La Démocratie pacifique*, *La dame de Montsoreau* dans *Le Constitutionnel*, 1846-1847 : *Joseph Balsamo* dans *La Presse*, 1847 : *Les Quarante-Cinq* dans *Le Constitutionnel*, 1847-1848 : *Le vicomte de Bragelonne* dans *Le Siècle*. La liste n'est pas exhaustive. Dumas est partout. Enorme compilateur de mémoires et de chroniques, qu'il transforme au gré d'une imagination débridée et avec un sens inné du théâtre, Dumas, selon ses propres termes, viole sans remords l'histoire de France et lui fait des enfants qui vivent dans toutes les mémoires.

Le théâtre amplifie le succès, déjà énorme, de ses romans : le 27 octobre 1845, c'est la première des *Mousquetaires* à l'Ambigu-Comique, de 6 h 30 à 1 h du matin. Dumas obtient un privilège pour fonder une nouvelle salle, le *Théâtre historique*, qu'il inaugura le 21 février 1847 avec *La reine Margot* (6 h - 3 h du matin).

Le succès du *Comte de Monte-Cristo* est immense, égal à celui des *Mystères de Paris*. Les deux romans seront appelés à d'innombrables rééditions et deviendront la matrice d'innombrables récits postérieurs.

Le comte de Monte-Cristo est à la fois un roman de formation (mais la formation d'un Dieu, à travers les épreuves, la mort, et l'acquisition de la science universelle, parachevée dans l'Orient des rêves romantiques), un roman de critique sociale et politique (les ennemis de Monte-Cristo n'ont pu faire carrière que par la chute de l'Empire, clôture de la Révolution, et le rétablissement d'une société qui, au déni de toute justice, exalte les traîtres et abaisse les cœurs purs), et un roman d'histoire contemporaine, par la récapitulation qu'il fait, en les intégrant au récit, de tous les événements constitutifs de la société et de l'histoire de la Restauration. Sans le discours socialisant et moralisant de Sue, dans une perspective plus individualiste et plus libérale, Dumas fait avec *Le comte de Monte-Cristo*, la geste du héros romantique, dans son rêve de domination et de libération à la fois par rapport à la société bourgeoise. La clarté de son analyse, la vivacité de ses dialogues et la vigueur de sa charpente dramatique en ont fait un chef-d'œuvre du roman populaire, et du roman tout court.

La prodigieuse fécondité de Dumas et son activité inlassable frappent de stupeur. Certes, il eut des collaborateurs, certains réguliers comme Auguste Maquet, qui collabora au *Chevalier d'Harmenthal*, aux *Trois mousquetaires,* au *Comte de Monte-Cristo*, à *La reine Margot*, au *Chevalier de Maison-Rouge*, et eut lui-même une production de feuilletoniste, et de nombreux occasionnels. On ne manqua pas, dès l'époque, d'en faire grief à Dumas. Mais si ces « nègres » compulsent des archives, voire proposent des plans, c'est toujours Dumas qui décide, récrit, met sa griffe : son œuvre est bien sienne.

Dumas en 1848 est en plein développement. Nous le retrouverons sous le Second Empire, toujours fécond, toujours populaire, mais affronté alors à d'autres gloires. L'une d'elles fit des débuts remarqués sous la Monarchie de Juillet : il s'agit de *Paul Féval (1816-1887)*.

3. **Les débuts de Paul Féval.** — Né en 1816 à Rennes dans une famille de magistrats, P. Féval, après des études de droit, était venu, comme bien des jeunes gens de bonne famille, se perdre dans la capitale, où il vécut, plutôt mal, de 1837 à 1843, de petits métiers. Après des débuts obscurs, il publia une nouvelle remarquée, *Le club des phoques*, dans la *Revue de Paris*, et eut enfin la chance de se voir confier la redoutable tâche de concurrencer le succès des *Mystères de Paris*, à partir d'un manuscrit dont l'action se situait à Londres : *Les aventures d'un émigré*.

C'est ainsi que parut dans *Le Courrier français* du 20 décembre 1843 au 12 septembre 1844, *Les mystères de Londres*, sous le pseudonyme de Sir Francis Trolopp. Féval avait d'abord laissé libre cours à son imagination, puis avait enquêté sur place, dans les taudis des villes industrielles anglaises. Il en résulta un livre étonnant, remarquable, qui n'est nullement un simple *remake* des *Mystères de Paris*.

Maître d'une association de malfaiteurs, les « Gentlemen of the Night », le mystérieux marquis de Rio Santo, *alias* l'Irlandais Fergus O'Breane, prépare en secret une révolution politique destinée à libérer l'Irlande et toutes les colonies de l'oppression anglaise. Cette vocation révolutionnaire est née, comme on l'apprendra assez tard dans le roman, d'une injuste persécution dont Fergus fut l'objet dans sa jeunesse, avec l'aide de l'autorité et de la justice anglaises. Ayant jeté des semences révolutionnaires dans toutes les colonies anglaises, Rio Santo arrive à Londres où il conquiert dès l'abord la haute société tout en régnant sur les bas-fonds. Mais l'association criminelle sur laquelle il doit s'appuyer pour réaliser ses desseins cause indirectement sa perte. Le jeune noble Franck Perceval dont il a déshonoré la sœur et dont il cherche à épouser la fiancée se ligue contre lui avec le jeune bourgeois Stephen Mac Nab, dont il a tué le père en duel, et avec lequel il se trouve aussi, malgré lui, en rivalité amoureuse. D'autre part, son meilleur ami, l'Ecossais Angus Mac Farlane, qui se croit à tort trompé par lui, le trahit au dernier moment. Arrêté alors que la révolution est sur le point d'éclater, condamné à mort, Rio Santo s'évade, mais il est tué au cours d'une crise de folie par Clary, la fille d'Angus, qui, éprise de lui, l'avait suivi dans sa fuite.

Le roman allie curieusement, dans un style propre à Féval, à une atmosphère onirique toute baignée de légendes, d'anciennes ballades, renforcée par des décors de roman noir (ruines d'anciennes abbayes, souterrains), un fantastique social qui agrandit parfois jusqu'à l'horreur les tableaux de la misère et du crime (« aucun livre », a écrit Paul Morand, « ne fait mieux sentir la magie criminelle du brouillard ») et une satire souvent grinçante de la société anglaise. Il eut un grand succès et posa Féval en maître du feuilleton : un titre qu'il allait confirmer surtout sous le Second Empire.

Dès 1846 pourtant, il publie avec succès un roman fantastique, *Le fils du diable*, dans *L'Epoque*. Le roman avait été annoncé dans Paris par une procession carnavalesque. Féval se maintint donc dans le peloton de tête, tandis que mourait en 1847 celui que sa brève carrière a fait oublier, et qui fut néanmoins un des maîtres du roman-feuilleton : *Frédéric Soulié*.

4. Frédéric Soulié (1800-1847), feuilletoniste ordinaire du « Journal des Débats »... et de quelques autres. — Languedocien immigré à Paris, homme de théâtre comme Dumas, journaliste et aussi directeur d'une scierie (il emmenait ses scieurs de long faire la claque aux drames romantiques), Soulié fit paraître en 1832 son premier roman, *Les deux cadavres*, roman historique frénétique, plein de violences et d'horreur, qui se déroule dans l'Angleterre du XVIIᵉ siècle et de la guerre civile.

Feuilletoniste à *La Presse*, puis au *Journal des Débats* de 1837 à 1845, il écrivit aussi dans *Le Siècle*. Sa grande œuvre, *Les mémoires du diable*, fut partiellement publiée dans *La Presse* et *Le Journal des Débats*. C'est, sur le mode d'un fantastique grinçant, où l'on sent l'influence d'Hoffmann, une satire très corrosive des mœurs de son siècle. Par la suite, Soulié publia de nombreux romans et nouvelles dans *Le Journal des Débats* : *Le lion amoureux* (1839), *Le maître d'école* (1839), *Six mois de correspondance* (1838), *Les quatre sœurs* (1841), *Les drames inconnus* (1845), ainsi que dans *La Presse* : *La comtesse de Monrion* (1845-1846), *Le duc de Guise* (1846), et dans *Le Siècle* : *Les prétendus* (1842), *Le château des Pyrénées* (1842), *Les aventures de Saturnin Fichet* (1846-1847). Ses romans sont soit des romans de mœurs, soit des romans historiques, écrits dans un style dramatique — ils furent d'ailleurs très souvent portés à la scène. *La comtesse de Monrion*, portée à la scène sous le titre *La closerie des Genêts* (Ambigu-Comique, 14 octobre 1846), est un de ses plus durables succès.

La comtesse de Monrion se compose de deux parties : *La lionne* (*La Presse*, 9 septembre 1845 - 10 octobre 1845) et *La comtesse de Monrion* (*La Presse*, 9 décembre 1845 - 21 janvier 1846).

Les deux romans, dont l'action se déroule surtout dans la haute société à Paris et en province, allient à une observation minutieuse des mœurs contemporaines (on a souvent comparé Soulié à Balzac), une intrigue très complexe où domine celui qui sait se rendre maître des apparences et qui connaît les secrets du passé. Sans égaler les succès de Dumas et de Sue, Soulié fut l'un des romanciers les plus lus et les plus appréciés de son temps.

Reste, avant de dire un mot de la foule des romanciers qui occupèrent alors le feuilleton, sans atteindre aux succès des plus grands, à ne pas oublier au passage deux écrivains, à qui notre modernité a accordé le statut de grands romanciers, et qui ont une place un peu à part dans le feuilleton : *Balzac* et *G. Sand*.

5. **Balzac et G. Sand dans le feuilleton.** — *Balzac* était le romancier à la mode en 1836, et l'ami d'E. de Girardin. Aussi publia-t-il dès octobre 1836 *La vieille fille* dans les colonnes de *La Presse*, et passa-t-il un contrat avec *La Presse* pour de futures publications. En 1837 paraissait *La femme supérieure (Les employés)*. Balzac occupe la scène du feuilleton jusqu'en 1840 avec *Le curé de village* (*La Presse*, 1839), *Béatrix* et *Une fille d'Eve* (*Le Siècle*, 1838-1839). Mais ces romans n'ont guère de succès. Les audaces de Balzac choquent, ses interminables descriptions ennuient, il n'a pas l'art de tenir le lecteur en haleine. L'abonné proteste. Les tirages languissent. Bientôt, Sue, Dumas, Soulié, mieux aimés du public, vont prendre le pas sur Balzac. Suprême humiliation : *La Presse* interrompt la publication des *Paysans* avant le renouvellement d'abonnement annuel, en décembre 1844, pour accueillir *La reine Margot* de Dumas. Il faudra attendre juillet 1846, et la publication dans *L'Epoque* de l'avant-dernière partie de *Splendeurs et misères des courtisanes*, « une instruction criminelle », pour que Balzac retrouve un certain succès, qui ne va plus le quitter dans les années suivantes : *La cousine Bette*

dans *Le Constitutionnel*, puis *Le cousin Pons* en 1847, *La dernière incarnation de Vautrin* dans *La Presse*, confirment ce retour de Balzac sur la scène du feuilleton. Bientôt on y republiera ses œuvres, et pour tous les feuilletonistes célèbres de la deuxième moitié du XIXᵉ siècle, Balzac sera, avec Dumas et Sue (et parfois Soulié), le grand ancêtre.

G. Sand est plus en retrait dans le feuilleton qu'elle ne pratique qu'à partir de 1844, lorsque le succès de Sue lui montre l'intérêt du feuilleton comme véhicule de ses idées et convictions. Et même en publiant en feuilletons, elle ne cesse pas pour autant de produire dans les revues. A partir de 1844, G. Sand publie en feuilletons : *Jeanne* dans *Le Constitutionnel* (25 avril - 2 juin 1844), *Le meunier d'Angibault* dans *La Réforme* (21 janvier - 19 mars 1845), *Le péché de M. Antoine* dans *L'Epoque* (1ᵉʳ octobre - 13 novembre 1845), *François le Champi* dans *Le Journal des Débats* (31 décembre 1847 - 14 mars 1848), *La mare au diable* dans *Le Courrier français* (6-15 février 1846), *Le Piccinino* (5 mai - 17 juillet 1847) et *Teverino* (19 août - 3 septembre 1845) dans *La Presse*. Sous l'Empire, G. Sand continuera à publier à la fois en revue et dans les quotidiens, avec un succès d'estime en général, mais sans passionner les foules au même degré que les grands feuilletonistes.

IV. — **Romanciers-feuilletonistes secondaires**

A côté de ces maîtres du roman-feuilleton fourmille toute une foule bruissante de feuilletonistes qui eurent un moment de vogue et dont les romans se relisent encore, parfois, avec plaisir et intérêt. Certains furent très prolifiques et entamèrent sous la

Monarchie de Juillet une carrière poursuivie avec succès sous l'Empire.

Certains de ces feuilletonistes sont issus de l'aristocratie légitimiste (ainsi le *marquis de Foudras*, 1800-1872) ou de la bourgeoisie libérale (ainsi l'ancien polémiste bonapartiste *Joseph Méry*, 1798-1866) et n'ont pas d'autre activité que romancier et feuilletoniste, d'autres mènent de front, ou successivement, une carrière militaire et une carrière littéraire (*G. de La Landelle*, 1812-1886, romancier après avoir été marin ; *A. de Gondrecourt*, 1815-1876, général d'Algérie, et feuilletoniste abondant dès 1844). Pour la plupart cependant l'étude du droit est le plus court chemin vers le roman en passant par le journal : tel fut le sort d'*Elie Berthet* (1815-1891), secrétaire de rédaction du *Siècle*, où il publia de nombreux romans, ou encore d'*E. Gonzalès* (1815-1887), rédacteur en chef de *La Caricature*, qui eut une longue carrière de feuilletoniste (*Les frères de la Côte*, roman de flibustier publié dans *Le Siècle* en 1841-1842, eut 25 éditions du vivant de son auteur). *Léon Gozlan* (1806-1866), quant à lui, fils d'un armateur ruiné, se lança dans le journalisme sous l'aile de Méry, par des chroniques pleines de verve qui le mirent fort à la mode, et s'essaya dans tous les genres. *Les nuits du Père-Lachaise*, roman noir publié dans *La Presse*, eut 23 rééditions de son vivant.

V. — Formes et contenus du feuilleton

1. **Les divers genres romanesques.** — Dans le feuilleton coexistent ainsi différents genres de romans. Des genres qui eurent un court moment de gloire, comme *le roman maritime* (aventures et passions se déroulant dans l'espace maritime et côtier) ou *le roman frénétique*, où l'horreur héritée du roman noir anglais et du mélodrame (de Sade, aussi) se déploie en un univers cauchemardesque et obsessionnel ; ces modèles génériques, qui ne sont plus dominants à la fin des années 1830, inspirent néanmoins encore quelques romans, comme *Le capitaine Paul* de Dumas, les romans de La Landelle, et *Les frères de la Côte* de Gonzalès, pour le premier, ou encore *Les expia-*

tions de Francis Wey (*La Presse*, 1837-1838) ou *Les nuits du Père-Lachaise* de Gozlan (*La Presse*, 1845) pour le deuxième. *Le roman historique* est le genre prédominant, avec le roman de mœurs contemporaines, abondamment illustré par Balzac, Sue, Dumas, Soulié, Gozlan, Féval et bien d'autres. Dans ces œuvres qui relèvent toutes d'un même projet de représentation de la société et de l'histoire se font sentir, à des degrés divers, l'influence du roman noir anglais et français et celle d'une tradition bourgeoise comique et satirique (fabliau et roman picaresque).

Dans ses diverses orientations, le roman-feuilleton de la Monarchie de Juillet relève d'une esthétique toute romantique : association du comique et du tragique, du grotesque et du terrible, du rire et des pleurs, engagement historique et critique sociale, drame et pittoresque. C'est à travers le feuilleton surtout que le modèle romanesque romantique a pris corps et s'est diffusé dans le public.

2. **Traits dominants du roman-feuilleton romantique.** — S'il est vain de vouloir dresser un modèle unique du roman-feuilleton de cette époque, on peut du moins dégager de la diversité existante quelques traits dominants qui se retrouvent dans les plus grands succès du feuilleton :

L'écriture de ces romans relève d'une conception *dramatique* du roman, telle qu'Hugo l'appelait de ses vœux en 1823 :

« Le roman dramatique, dans lequel l'action imaginaire se déroule en tableaux vrais et variés comme se déroulent les événements réels de la vie, qui ne connaisse d'autre division que celle des différentes scènes à développer ; qui enfin soit un long drame, où les descriptions suppléeraient aux décorations et aux costumes, où les personnages pourraient se peindre par eux-mêmes et représenter par leurs chocs divers et multipliés toutes les formes de l'idée unique de l'ouvrage. »

Dramatique, ce roman l'est aussi par sa recherche de l'effet : coups de théâtre, suspense, rebondissements, contrastes entre lumière et ténèbres (de l'âme et de la société) ; par cela, et par sa mise en scène de la violence, des passions excessives, par son jeu sur les émotions, il s'apparente au drame romantique, qu'il relaya d'ailleurs. Malgré une intrigue souvent complexe et démultipliée, qui permet d'embrasser dans la représentation historique et sociale une plus vaste étendue, l'action a le plus souvent un seul axe directeur : c'est la geste du héros.

Justicier solitaire et marginal, ce héros tout-puissant (le prince Rodolphe, Monte-Cristo, Rio Santo) est bien la création la plus frappante du roman-feuilleton romantique, fasciné par la tentation et la crainte de la toute-puissance. Séducteur irrésistible, le héros n'a souvent pu acquérir cette toute-puissance que par un crime qu'il expie (d'où cette ambivalence Bien-Mal interne à la toute-puissance chez nombre de ces héros) et par une initiation dont le roman retrace parfois les étapes. Dressé face à une société imparfaite où règne un ordre fallacieux, qui est celui de la force et non du droit, il y fait advenir — après une lutte contre son (ses) double(s) noir(s), le(s) héros du Mal — la justice suprême du Jugement dernier, avant de regagner les terres étrangères d'où il a surgi un jour : l'Orient de Monte-Cristo, le Gérolstein de Rodolphe, et, parfois même, comme Rio Santo, les landes mystérieuses d'une mort qui est souvent assomption pour les héros de romans-feuilletons. A part les quelques justes qu'il a sauvés parfois, le monde est abandonné, alors, à sa déréliction...

La représentation historique et sociale se fait par ailleurs à travers la description et la mise en scène de nombreux personnages secondaires appartenant à tous les milieux : noblesse, bourgeoisie, classes populaires. Les héros sont en majorité nobles — de nature sinon de caste, l'aristocratie servant de modèle de référence à la séduction, malgré les nobles qui peuvent faillir (encore en très petit nombre). Les bourgeois sont, la plupart du temps, ridicules, même s'ils sont honnêtes : ils sont la froide, la plate réalité en face de l'idéal, et si quelques auteurs (Soulié, Charles de Bernard) prennent parfois leur parti, c'est justement par volonté d'affirmer leur « réalisme ». Quant au peuple, il est l'étranger, l'exotique, le « sauvage » de Paris, et il attire pour cela même.

L'argent, instrument de pouvoir souvent illégitime, est fauteur de troubles, sauf lorsque, dans les mains des héros positifs, il se transforme en aumône charitable et bien placée. Est dénoncée aussi, parfois très systématiquement (ainsi chez Soulié), la morale hypocrite des apparences qui soutient cette société : ce sont toujours les moins vertueux qui sont les plus considérés parce que ce sont d'habiles comédiens, alors que la vérité et l'innocence ne se font pas croire.

Le roman-feuilleton parle souvent d'amour, mais ce n'est pas un roman d'amour : tout autant — et parfois plus que d'amour — il s'agit de vengeance, de conquête du pouvoir, de recherche d'une identité perdue ou volée. La femme n'en joue pas moins un rôle capital, soit comme objet de la quête, du désir, soit comme symbole du pouvoir.

Femme fatale (Sarah des *Mystères de Paris*, Mylady des *Trois mousquetaires*), dominante, à la séduction mortelle, ou femme angélique (Constance des *Trois mousquetaires*, Julie de *La comtesse de Monrion*), dévouée au héros, victime idéale, telles sont les deux images irréconciliables de la femme dans le roman-feuilleton romantique. Le désir y tombe sous le coup de la loi, et il n'est pas plus de pardon possible pour la femme adultère que pour la fille violée (voir Fleur de Marie).

Mais en dehors de ces traits qui sont des traits d'époque, il existe dès les débuts dans le roman-feuilleton populaire — dans celui qui attire et retient le succès — un certain nombre de caractéristiques qui sont déterminées par son mode de production et de réception, et qui se retrouvent par la suite dans tous les romans-feuilletons à succès du siècle.

3. **L'influence du support.** — Publié, lu dans le journal, écrit par des auteurs qui sont aussi, le plus souvent, journalistes, chroniqueurs (c'est le cas de Soulié, de Dumas, de Balzac même), le roman-feuilleton est sensible, plus que la moyenne des romans, à l'*actualité*. Ainsi *Les mystères de Paris* traitent de philanthrophie, d'hospices pour les pauvres, de réforme des prisons, de ferme modèle, tous sujets d'actualité. De même, *Les mystères de Londres* et *La quittance de minuit*, deux romans-feuilletons de Paul Féval, évoquent la lutte de l'Irlande contre l'Angleterre, qui depuis vingt ans fixait tous les regards et toutes les sympathies en France. Symboliquement, l'espace politique est toujours fortement présent et structurant dans le roman-feuilleton. D'où les violentes réactions qu'il provoque.

On trouve souvent aussi dans le roman-feuilleton l'écho, soit par imitation, soit par citation, d'affaires criminelles célèbres (ainsi Mme de Villefort dans *Le comte de Monte-Cristo* n'est pas sans évoquer la célèbre affaire Lafarge), ou de catastrophes naturelles qui ont fait époque, ainsi le choléra de 1832 joue un grand rôle dans *Le Juif errant* (1845). C'est qu'au fond roman-feuilleton et fait divers relèvent de la même esthétique. L'anecdote, le fait divers, comme le roman-feuilleton, transfigurent la banalité privée de sens du quotidien en un temps plein, signifiant, insolite. Il y a une grande homogénéité entre les thèmes du roman-feuilleton et ceux des faits divers : heurs et malheurs des grands, crimes, ravages causés par la passion, dévouements sublimes, retour et vengeance, femme séquestrée par un monstre, etc. — et ils se sont de tout temps inspirés l'un de l'autre.

La *rapidité d'écriture* du roman-feuilleton est également à lier à sa parution dans le journal. Non qu'il faille céder au mythe du « pas de plan » qui a été répandu très tôt, et s'imaginer que le feuilletoniste écrivait chaque jour le feuilleton du lendemain. Les œuvres étaient bel et bien planifiées dans la grande majorité des cas *avant* la parution en feuilletons ; mais pour répondre à la demande, qui était forte, les grands feuilletonistes produisirent vite. Et leur écriture a tous les défauts d'une écriture rapide : négligence, répétitions, pauvreté parfois, d'un style qui n'est pas travaillé, utilisation de poncifs, manque de travail en profondeur des personnages, de l'intrigue. En partie involontaires, sans doute, ces défauts répondent aussi à une nécessité : celle de conquérir immédiatement le public en lui proposant un accès facile à la fiction. Hyperbole et répétition sont aussi rendues nécessaires par l'étalement de la publication (et donc de la lecture) qui modifient leur portée : il faut frapper vite et fort, et renouveler des effets qui risquent de se perdre dans une lecture sans cesse interrompue. Mais cette rapidité d'écriture n'est pas entièrement négative. Elle est liée aussi, chez les grands feuilletonistes, à une aisance, un brio, une vivacité de causeur et de conteur qu'on cherche parfois en vain ailleurs. Mieux encore, elle est particulièrement favorable — et c'est par là principalement qu'elle intéressa les surréalistes — à une libération des fantasmes, une explosion d'images et de scènes qui semblent parler librement le langage de l'inconscient.

Un autre mythe dont il faut faire justice — mais auquel il faut rendre justice aussi — est celui de l'*intervention du lecteur* modifiant le roman en cours de route. Il est indéniable que, dans le roman-feuilleton, les goûts du lecteur, tels qu'ils sont exprimés dans des lettres à l'auteur ou au directeur du journal, dans l'accueil qu'il fait aux œuvres, jouent beaucoup, et influent en général dans le sens d'un certain conformisme moral et esthétique. Les auteurs eux-mêmes s'adaptent aux tendances qu'ils perçoivent, c'est leur intérêt. Mais les modifications en cours d'œuvres pour répondre aux désirs du lecteur sont plutôt des exceptions, et, en général, le feuilletoniste reste maître de ses créatures. La pression du public, non négligeable, est surtout indirecte. Ce public qui envahit ainsi la scène littéraire, essayons maintenant d'en délimiter les contours.

VI. — Diffusion et public

En 1846, les trois principaux quotidiens de Paris avaient respectivement : *Le Siècle*, 32 885 abonnés ; *Le Constitutionnel,* 24 771 abonnés ; *La Presse*, 22 170 abonnés. Quand on sait qu'un tirage de 1 500 exemplaires était déjà considérable pour un volume de roman en librairie, on mesure la différence.

Il faut, de plus, multiplier par trois ou quatre le chiffre des abonnements pour obtenir celui des lecteurs. Les abonnements étaient en effet souvent collectifs : toute une famille, voire toute une maisonnée lisait le journal. Les clubs de lecture et les cabinets de prêt avaient aussi leurs abonnements. Dans certains milieux ouvriers, dans le petit peuple des villes, on lisait le journal en commun. Michelet avance comme chiffre le plus extrême en 1847, 1 500 000 lecteurs pour l'ensemble de la presse.

Ce lectorat était composite ; essentiellement bourgeois sans doute : l'analyse des quatre grands journaux parisiens montre en effet que, malgré les polémiques entre journaux gouvernementaux et journaux de l'opposition, le contenu idéologique reste identique dans ses grandes lignes : il traduit les aspirations de la bourgeoisie. Mais le roman-feuilleton est un facteur d'évolution de la presse : il amène à la lecture des lecteurs qui se situent en dehors de la ligne politique du journal, qui dépassent la sphère politique restreinte.

Le roman-feuilleton fait ainsi peser sur le journal l'influence d'une force nouvelle, aux contours vagues : l'opinion publique. Avec lui on entre, si peu que ce soit, dans l'ère des médias.

En dehors du journal, d'autres circuits de diffusion permettent au roman-feuilleton d'accroître son public. Les journaux de province (il y en a souvent deux ou trois par grande ville) reproduisent souvent les feuilletons parisiens. Les journaux étrangers eux aussi se mettent de la partie : le roman-feuilleton français eut une vogue européenne — et même mondiale. Il se créa aussi, dès 1840, de nombreux journaux, souvent hebdomadaires, consacrés exclusivement à la reproduction (parfois abrégée) des romans-feuilletons du jour : *L'Echo des feuilletons*, *La Revue des feuilletons*, *La Bibliothèque des feuilletons*, *L'Estafette*, *L'Echo français*...

Après la parution en journal, c'était la librairie qui prenait le relais de la mode. La plupart des romans-feuilletons étaient publiés par les grands éditeurs de l'époque (Paulin, Ladvocat, Souverain, Dentu, Pétion, Boulé, M. Lévy...) en format in-8°, de typographie assez aérée, que leur prix élevé (7 à 10 F) et leur tirage restreint destinaient principalement aux cabinets de lecture. Ils étaient ensuite réédités dans le format in-18 lancé en 1838 par l'éditeur Gervais Charpentier, qui permettait des prix moins élevés (3,50 F, puis 2 F) et des tirages plus importants (25 000 exemplaires en moyenne). Ce format fut peu à peu adopté par tous les éditeurs.

Dans les années 40 se développa également la vente des romans par livraisons (brochures in-4°, à 20 centimes l'une, et reliables ensuite en volumes), autre tentative pour atteindre un public peu fortuné. L'ensemble de ces éditions et rééditions aboutit parfois à des chiffres relativement importants (de 50 à 100 000 exemplaires pour les grands succès).

Les chiffres de tirage des éditions, pas plus que ceux des journaux, ne permettent toutefois d'évaluer avec précision le nombre des lecteurs. Ils restent bien en-deçà. En effet, dans les cabinets de lecture, on louait au lecteur, soit pour lire sur place (10 à 15 centimes le volume), soit pour emporter (3 F par mois), les différents ouvrages qui composaient le fonds — pour la plupart des romans (de 50 à 100 % du fonds en général) : à partir de 1836 on y trouve tous les feuilletonistes : Sue, Dumas, Féval, Soulié, etc. On y louait également les journaux à feuilletons.

Balzac estime à 1 500 le nombre des cabinets de lecture en France en 1830. Leur clientèle était assez diverse, mais seules les franges populaires directement au contact des classes aisées (domestiques, artisans, commis, etc.) les fréquentaient.

La campagne toutefois, dans une France qui reste encore très rurale, est peu touchée par ces développements de la lecture : seul le colportage, depuis des siècles, y diffuse les livrets des « bibliothèques bleues » éditées par les librairies spécialisées de Paris, Troyes, Limoges, Rouen.

Ce n'est que vers l'extrême fin de la Monarchie de Juillet que certains romans-feuilletons (Dumas, Sue), en petit nombre et très refaits, passèrent dans le fonds du colportage ; en 1855 encore, Nisard remarque que les campagnes sont peu touchées par le roman.

Un dernier circuit favorisa la diffusion, indirecte il est vrai, du roman-feuilleton dans toutes les couches sociales et dans l'ensemble de la France : celui du théâtre. Beaucoup de romans-feuilletons en effet donnèrent lieu à des *adaptations théâtrales*. Or le théâtre touchait un public mêlé, à la fois parisien et provincial, populaire et bourgeois — car les compagnies théâtrales faisaient régulièrement des tournées en province. Tous les grands romans-feuilletons — et même les moins grands — de la Monarchie de Juillet ont été adaptés et joués dans les théâtres de mélodrame : l'Ambigu-Comique, la Porte-Saint-Martin, la Gaîté, la Renaissance.

Ainsi les limites précises du lectorat du roman-feuilleton sont malaisées à déterminer. Toutefois, il est certain que seules des franges populaires furent atteintes : l'élargissement du lectorat se fit surtout au sein de la bourgeoisie.

VII. — La réception critique

Si le succès du roman-feuilleton fut massif dans l'ensemble du public, sa réception critique fut d'emblée assez réticente, et de plus en plus négative au fur et à mesure que se popularise le roman-feuilleton : « L'opinion commune n'est pas favorable à la littérature actuelle, remarque Rémusat en 1847, on la goûte sans l'estimer, et il est de mode d'en dire grand mal et de ne pouvoir s'en passer. »

Cette condamnation est solidaire, le plus souvent, de celle du Romantisme. Déjà en 1835, on critiquait celui-ci comme littérature « facile » (dans tous les sens du terme). Beaucoup de critiques ne font pas de distinction entre Hugo, Sand, Balzac et Dumas, Sue ou Soulié.

Les attaques, de plus en plus acerbes, portées contre le roman-feuilleton, proviennent principalement de deux sources : les critiques de revues, comme Sainte-Beuve ou G. Planche, qui reprochent essentiellement au feuilleton son manque de mûrissement, de réflexion, de tenue littéraire, ses effets faciles et grossiers, son immoralité. C'est Sainte-Beuve qui le premier parla de « littérature industrielle » (on dirait, de nos jours, commerciale). Deuxième source : les politiques, journalistes, comme A. Nettement, le critique de *La Gazette de France*, lequel consacra deux volumes à l'étude du roman-feuilleton en 1845-1846, ou députés, comme le député de la gauche Chapuys-Montlaville, qui fit plusieurs interventions (en 1843, 1845, 1847) pour dénoncer les dangers du roman-feuilleton : ceux-ci détournent de la politique, incitent à la passivité, stimulent le désir de voluptés interdites et affaiblissent, corrompent les mœurs aussi bien que le goût, développent l'imagination aux dépens de la raison, suscitent l'émotion aux dépens de la pensée. Ainsi au lieu d'être éducateur du peuple, le roman-feuilleton serait l'outil de sa perversion. Et, de plus, il serait l'expression de la décadence de la littérature, inéluctablement liée aux progrès de la démocratie.

Cette sécession des critiques n'était pas près de prendre fin, d'autant plus que la Révolution de 1848 d'abord, les développements du roman-feuilleton sous l'Empire ensuite, ne manquèrent pas de les confirmer dans leurs sinistres prédictions de fin du monde (intellectuel et politique).

LE ROMAN-FEUILLETON
SOUS LA SECONDE RÉPUBLIQUE

Le roman-feuilleton joua-t-il un rôle quelconque dans le déclenchement de la Révolution de février 1848, comme l'affirmèrent alors nombre de ses détracteurs ? Il est bien difficile de le dire.

Les critiques (conservateurs) n'en doutèrent pas,

en tout cas, et profitèrent de l'occasion pour se poser en Cassandre dédaignés et pour demander l'abolition du roman-feuilleton : « Voilà l'enseignement du roman moderne », écrira Charles Menche de Loisne, en 1852, « il apprend au peuple à mépriser et à haïr tout ce qui s'élève au-dessus de lui, et il conduit la France à la plus épouvantable de toutes les guerres, à la guerre sociale ».

Malgré l'effervescence politique, les journaux continuent à publier de nombreux romans. Soulié est mort en 1847, Balzac mourra en 1850. Mais Dumas, qui avait commencé dans *La Presse* la publication de sa série révolutionnaire, *Les mémoires d'un médecin*, la continue : *Le collier de la reine* et *Ange Pitou* paraissent en 1849-1851, en alternance avec *Les mémoires d'outre-tombe* de Chateaubriand et *Les confidences* de Lamartine. Sue, Féval continuent à publier.

A côté des feuilletonistes connus apparaissent quelques noms nouveaux que nous retrouverons sous l'Empire : Henry Murger publie en décembre 1848 *Les buveurs d'eau*, dans *L'Evénement* ; Champfleury y écrit également. Molé-Gentilhomme, Dumas fils, H. de Kock, A. Achard, P. Zaccone, C. Guéroult, Ch. Deslys, A. Robert, A. Ponroy et même Ponson du Terrail (qui signe alors Pierre du Terrail), autant de nouveaux venus qui compteront dans les années qui suivent parmi les romanciers les plus prolifiques et les plus lus.

Les luttes politiques inséparables de cette période de Révolution se font, bien entendu, sentir également dans le feuilleton, où abondent chroniques et romans historiques, parfois par les mêmes auteurs (ainsi le romancier Ch. Deslys conte en 30 épisodes, dans *Le Courrier français, Les trois journées de Février*). Beaucoup de romans sur la Révolution (1789 ou 1793), ou sur des conspirations de la Restauration ou de la Monarchie de Juillet, refont l'histoire telle que 1848 la donne à repenser. Ils sont plus souvent conservateurs ou réactionnaires que libéraux ou républicains, il n'y a guère à s'en étonner.

Néanmoins, *Ange Pitou* de Dumas, *Le Mont-Saint-Michel* de Blouet (publié, il est vrai, dans *Le Peuple*, le journal de Proudhon, en 1849) et *Les quatre sergents de La Rochelle* de Clémence Robert (*La République*, 1848-1849) sont d'un esprit plus libéral, voire franchement républicain.

Dans l'ensemble donc, le feuilleton survit, et vit même bien, en cette période troublée, malgré un recul par rapport à la période 1844-1848. Même la réaction conservatrice, qui se solde pour le roman-feuilleton par l'imposition d'un timbre spécial de 5 centimes par numéro (dit timbre Riancey), à tout journal publiant une œuvre romanesque, à partir de juillet 1850, n'eut qu'un effet tout relatif et très provisoire sur le roman-feuilleton. Cela n'empêcha pas les grands journaux de publier des romans-feuilletons, et le timbre fut supprimé dès 1852.

D'autre part, les années 1848-1851 virent le développement des éditions populaires illustrées à 20 centimes (les romans à 4 sous), chez des éditeurs comme Havard, Barba, Bry et Maresq. Ces collections publiaient les grands classiques aussi bien que les « grands auteurs » du XIXe siècle : Balzac, Chateaubriand, Hugo, Dumas, Sue, Féval, Scribe, G. Sand, Soulié... et bien d'autres. Dès décembre 1849, Bry et Maresq proposèrent la première édition des *Œuvres complètes* illustrées d'E. Sue, et en 1851-1852 étaient déjà lancées les *Œuvres complètes* de G. Sand, F. Soulié, Balzac, Scribe, Féval, Méry, Dumas...

En 1852, le roman-feuilleton a pris son rythme de croisière : il s'est imposé comme principal mode de publication du roman et comme appui indispensable du journal, et il a servi à la vulgarisation du modèle romanesque romantique. Sous le Second Empire, le roman-feuilleton continuera sur cette lancée, sans grand renouvellement, se transformant peu à peu jusqu'au grand tournant des années 60.

LA DERNIÈRE FLAMBÉE
DU ROMANTISME
FEUILLETONESQUE 1852-1866

La censure politique stricte du Second Empire favorisa le développement d'une presse de *divertissement*, privilégiant le fait divers, le potin mondain... et le roman-feuilleton. Cette nouvelle période du roman-feuilleton est marquée par l'essor de l'image, qui lui est associée : journaux, éditions illustrées et images publicitaires. *Ponson du Terrail* et *Féval* dominent une production, qui, malgré quelques modifications dans les intrigues, les types, la représentation sociale et politique, ne nous fait pas encore entrer dans un nouvel espace du sens et de l'imaginaire. Il faudra attendre la fin des années 60 pour qu'apparaissent des changements décisifs, à la fois dans le support journalistique et dans les structures formelles des romans.

I. — Les transformations de la presse

Jusque vers le milieu des années 60, il y eut peu de changements dans la presse, sinon, après l'effervescence de la IIᵉ République, un étouffement de la presse politique, opéré par l'arsenal préventif et répressif mis en place par le décret du 17 février 1852.

Les tirages paraissent, pendant cette période, peu différer de ceux de la Monarchie de Juillet : 37 250 exemplaires pour *La Presse* en 1856 — le premier des journaux politiques parisiens — 52 000 en 1861. Toutefois, les conditions matérielles sont favorables à une expansion de la presse en général : progrès techniques, développement du capitalisme (les journaux sont de plus en plus commandités par des banquiers), développement de la publicité et des techniques de vente modernes (kiosques à journaux, vente au numéro, accroissement du réseau de distribution). Les prix baissent : en 1860, l'abonnement courant est de 16 F pour un quotidien politique.

Privés d'aliments politiques, les journaux devaient se rabattre, comme élément d'intérêt, sur le potin mondain, l'anecdote, le fait divers — la voie était ainsi ouverte à la naissance de la grande presse de fait divers, dont le premier organe fut *Le Petit Journal*, créé en 1863. Ils eurent aussi recours, comme avant, plus qu'avant, au roman-feuilleton : on assiste même à la création d'une presse consacrée presque exclusivement au roman-feuilleton : *les journaux-romans*.

Exempts de timbre et de cautionnement — parce que non politiques — et non soumis à la censure, à la différence des livrets colportés, les journaux-romans sont des brochures hebdomadaires ou bi-hebdomadaires illustrées de gravures sur bois, de huit ou seize pages in-4°, vendues 5 à 10 centimes le numéro (4 à 6 F l'abonnement annuel). Ils pouvaient contenir quelques articles de variétés, mais étaient surtout consacrés au roman-feuilleton. Ils en publiaient, par épisodes, deux ou trois à la fois. On y trouve beaucoup de reproductions de romans-feuilletons déjà publiés, mais aussi des publications originales. Les auteurs en sont les mêmes que dans la presse quotidienne et les illustrateurs y sont souvent de qualité : G. Doré donna 360 dessins originaux au *Journal pour tous*, et l'on trouve aussi des illustrations de Bertall, Daumier, Staal, comme de Castelli, Gerlier, Coppin, Beaucé... Les premiers parurent en 1855 (*Le Journal pour tous*, qui dura jusqu'en 1880, *Les 5 c illustrés*, *Le Journal du Dimanche*), et ils furent suivis de beaucoup d'autres. La moyenne de leur tirage peut s'établir à 20 000 exemplaires (*L'Omnibus* en 1859 tire à 85 000) et leur pénétration en province est attestée par divers témoignages. Cette alliance de l'image et du roman n'était guère vue d'un bon œil par le gouvernement : une circulaire du ministre de l'Intérieur Billault, le 6 juillet 1860, rappelle aux préfets qu'il convient de surveiller le roman-feuilleton et ses illustrations, suspects d'immoralité.

II. — L'évolution du roman-feuilleton

Le roman feuilleton semble être entré dans une période d'évolution tranquille. Il se multiplie, emplit tous les journaux, se répand sous toutes les formes, du feuilleton des quotidiens à celui des journaux-romans hebdomadaires, et à la revue littéraire, du format pour cabinets de lecture aux livraisons illustrées à 20 centimes ou à l'in-18 à 1 F. Mais cette invasion lente s'opère sans les succès éclatants ni les vives malédictions qui avaient marqué les débuts du roman-feuilleton.

C'est que, en ces premières années du Second Empire, le feuilleton accueille pêle-mêle toutes sortes de romans : Feuillet et Sandeau, romanciers « honnêtes » publient en revue uniquement, comme Cherbuliez et Flaubert, mais des « réalistes » comme Murger, Champfleury ou Duranty paraissent dans les quotidiens aux côtés de Dumas ou Féval. Le roman du journal semble se rapprocher de celui de la revue. Tous deux entrent ensuite dans les mêmes circuits d'édition, et la critique les étudie sans distinction, ne jetant que de loin en loin, par habitude, un anathème distrait sur le roman-feuilleton, d'ailleurs jugé, contre toute apparence, en décadence.

Entre 1852 et 1866, il existe donc une grande variété de romans-feuilletons, d'où émergent malgré tout quelques grands noms : Dumas, Féval et Ponson du Terrail, auxquels on peut ajouter, pour les toutes premières années, Sue, qui reste célèbre, malgré l'éclipse momentanée que lui fait subir son exil.

1. Les grands noms.

A) *La fin de Sue*. — Exilé depuis le coup d'Etat du 2 décembre, Sue n'en continue pas moins à publier quelques feuilletons dans la presse parisienne, mais sans grand écho : *Fernand Duplessis* paraît dans *La Presse* en 1853, *La famille Jouffroy*, puis *Le diable médecin* entre 1853 et 1855 dans *Le Siècle*, journal d'opposition.

Sa dernière grande œuvre, *Les mystères du peuple*, « histoire d'une famille de prolétaires à travers les âges », une tentative pour fonder la lutte des classes sur la lutte des races (l'envahisseur franc devenu l'aristocrate opprimant l'indigène gaulois devenu le prolétaire), n'est pas publiée en feuilletons, mais en livraisons illustrées. Elle a d'ailleurs un gros succès, malgré les poursuites judiciaires qui lui sont intentées et qui aboutissent, en 1857, à sa destruction.

Sue meurt en 1857. Mais sa gloire et son influence lui survivent. S'il n'est guère publié dans les quotidiens politiques, les journaux-romans, moins soumis à la surveillance du gouvernement, reprennent souvent ses œuvres, et entre 1850 et 1856 paraissent ses *Œuvres complètes* en livraisons illustrées, chez Bry, Maresq et Havard. Elles auront quatre réimpressions avant 1876. Jusqu'à la fin du siècle, Sue inspire bien des développements du roman socialiste et/ou populiste. La gloire de Sue est encore si vivante sous le Second Empire, que lorsque *Les misérables* paraissent en 1862, un critique de *La Revue des Deux Mondes* écrit : « *Les mystères de Paris* ont déteint sur *Les misérables*, sauf qu'il y a chez Eugène Sue bien plus d'invention, des personnages bien plus variés, des épisodes bien plus curieux. » En 1868 encore, Féval classe Sue parmi les « cinq grands talents consacrés par le triomphe », avec Balzac, Sand, Soulié et Dumas.

B) *Toujours Dumas*. — Si Eugène Sue a sa place assurée au Panthéon des auteurs populaires du Second Empire, c'est un Alexandre Dumas bien vivant, et toujours aussi productif, qui domine toutes ces années-feuilleton du Second Empire, en même temps que Paul Féval et Ponson du Terrail. Son activité reste toujours aussi prodigieuse. Durant le bref séjour qu'il fait à Bruxelles en 1851-1853, autant pour fuir ses créanciers que pour marquer son opposition au coup d'Etat, il envisage un moment d'écrire, à l'instar de Sue, cette épopée de l'humanité qui aura tenté tous les romantiques. Elle ne verra pas le jour, et il se contentera d'avoir écrit l'épopée de la France moderne. Déjà bien engagée avant 1850, celle-ci se poursuit pendant le Second Empire par de nombreux romans — depuis *Les Mohicans de Paris* (publiés de 1854 à 1857 dans *Le Mousquetaire*, puis dans *Le Monte-Cristo*) et *Les compagnons de Jéhu* (qui fait grimper les tirages du *Journal pour tous* en 1857-1858) jusqu'à *La San Felice* (1864-1865, *La Presse*), *Les blancs et les bleus* (*La Petite Presse*, 1867-1868), et *Création et rédemption* (1869-1870, *Le Siècle*). *Les Mohicans de Paris* retracent, en plein cœur du Second Empire, la lutte des républicains contre la Restauration.

Le roman commence, à l'instar des *Mystères de Paris*, dans un cabaret où sont venus s'échouer, en quête d'aventures, un soir de carnaval 1827, trois amis, le poète Jean Robert, le peintre Petrus Herbel, et le médecin Ludovic. Opposés dans une rixe à des hommes du peuple avinés, ils sont secourus au dernier moment par l'arrivée d'un tout-puissant inconnu, *Salvator*. Celui-ci, un commissionnaire au passé mystérieux, républicain et chef de carbonari, se révèle au cours du roman le protecteur et le maître absolu du petit peuple parisien.

Omniscient et tout-puissant, Salvator est au cœur des multiples intrigues du roman, qui toutes démontrent la corruption et l'iniquité de la société de la Restauration. C'est ainsi qu'il aide le pauvre instituteur Justin à sauver la jeune fille qu'il aime, Mina, enlevée par un aristocrate corrompu. Grâce à son chien Roland, il retrouve la trace d'un crime ancien afin de réhabiliter et de sauver le conspirateur bonapartiste Sarranti, que le pouvoir veut charger de ce crime. Enfin, il tue, en légitime défense, le comte Rappt, pair de France et ministrable, canaille qui n'avait reculé devant aucune infamie pour faire carrière. Dans toutes ces intrigues, Salvator, aidé par le pouvoir secret qu'il dirige et par les hommes du peuple qu'il domine (en particulier le colosse au cœur tendre, Jean Taureau), est opposé à la police secrète, dirigée par M. Jackal, policier de génie mais immoral, qui n'hésite pas à s'entourer de dangereux repris de justice. Une foule de personnages secondaires, vivants et hauts en couleur, viennent peupler cette fresque de la société de la Restauration — laquelle s'achève sur l'affirmation, énoncée par Salvator à Louis-Philippe en 1830, que la lutte ne cessera qu'avec l'instauration de la République.

Ce roman est une sorte de somme du roman populaire dans les premières années du Second Empire : par son justicier tout-puissant, il rappelle à la fois *Le comte de Monte-Cristo* et *Les mystères de Paris*.

Par le rôle qu'y jouent les sociétés secrètes, la police liée à la pègre, l'héroïsation de l'artiste et du médecin, il appartient encore au romantisme et à l'espace sociopolitique de la Monarchie de Juillet. Par l'importance accrue de l'intrigue policière, par la transformation de la figure héroïque (Salvator), qui joue le rôle de Providence dans une intrigue où ses intérêts ne sont pas directement en jeu, par sa peinture de la bohème artistique, du demi-monde, et d'une aristocratie corrompue, il annonce déjà une autre esthétique, et se relie à un autre monde sociopolitique.

À côté de ce roman et de bien d'autres (*Les louves de Machecoul*, dans *Le Journal pour tous*, 1858-1859 ; *Les mémoires d'Horace*, *Le Père la Ruine* dans *Le Siècle*, 1860 ; *Hector de Sainte-Hermine* dans *Le Moniteur universel*, 1869...), Dumas continue à faire jouer des pièces de théâtre appréciées, souvent tirées de ses romans ; il publie ses *Mémoires* (dans *La Presse*, 1852, puis dans *Le Mousquetaire*), fonde plusieurs journaux (quotidiens et journaux-romans), *Le Mousquetaire*, *Le Monte-Cristo*, *Le Dartagnan*, qu'il emplit parfois à lui tout seul, voyage en Russie, en Italie, en

Allemagne, en Autriche, écrit de nouvelles *Impressions de voyages*, fronde l'Empire sous la protection de la princesse Mathilde, et participe en 1860-1861 à l'aventure garibaldienne, dont il se fera l'historiographe.

Sa force créatrice ne diminue pas et il meurt en 1870 en pleine gloire, toujours aussi adulé et recherché d'une foule de lecteurs. Ses œuvres illustrées en livraisons à 20 centimes, éditées entre 1851 et 1857, puis rééditées en 1860, 1861 chez Maresq, Dufour et Mulat, représentent, bien qu'elles soient loin d'être « complètes », l'un des ensembles les plus importants de l'édition populaire : 56 livraisons de seize pages et 721 livraisons de huit pages. Ses imitateurs, plus ou moins talentueux, sont légion. Avec Dumas s'achève toute une époque du feuilleton, placée par lui sous le signe du romantisme et de l'histoire.

C) *Le triomphe de Féval*. — Dès 1850, Paul Féval fait partie du peloton de tête des feuilletonistes populaires. Il rejoint Dumas et ne sera égalé, sous le Second Empire, que par Ponson du Terrail. En 1865, Barbey d'Aurevilly le dénomme « roi d'un genre dans lequel M. Ponson du Terrail est manifestement le dauphin ». Le Second Empire est la période de sa plus grande gloire : dépassé, auparavant, par Sue et par Dumas, il ne produira plus guère d'œuvres marquantes après 1876.

Mais entre 1850 et 1870, Féval est vraiment le romancier en vogue. Il publie plus de 70 romans, dans la plupart des quotidiens politiques et dans les journaux-romans. Il dirige lui-même, brièvement, un journal-roman : *Le Jean Diable* (1862-1863). De 1850 à 1858, Boisgard publie en livraisons ses « Œuvres complètes » illustrées. Bien vu de l'impératrice, plusieurs fois président de la Société des gens de lettres, c'est lui qui est chargé en 1866 de rédiger le rapport sur le roman qui doit accompagner l'Exposition universelle (il paraîtra en 1868).

Son plus grand succès est sans doute *Le bossu*, publié dans *Le Siècle* en 1857. Trente ans plus tard existait encore un papier à cigarettes « Le Bossu », portant sur la couverture le portrait de Féval et celui de Mélingue, qui créa Lagardère à la Porte-Saint-Martin.

Ce qui frappe dans les romans de Féval, c'est le mélange entre un pessimisme social et un lyrisme individuel, le contraste entre une atmosphère fantastique et une satire des mœurs grinçante, qu'on trouve aussi bien dans ses fresques sociales contemporaines (par exemple, *Madame Gil Blas*, *La Presse*, 1856-1857) que dans des romans proches du roman policier, comme *Les couteaux d'or* (1856) ou *Jean Diable* (1862), ou dans des romans proprement fantastiques : *La sœur des fantômes* (1852), *Le chevalier Ténèbre* (1862). Féval est d'obédience romantique. Comme Hugo, il allie volontiers sublime et grotesque, il a le sens du pittoresque, de l'image. Bien des personnages secondaires ajoutent une touche de burlesque à des tableaux souvent sombres : Cocardasse et Passepoil dans *Le bossu*, Echalot et Similor dans *Les Habits noirs*... Comme Soulié, il a le goût des intrigues compliquées, manie volontiers l'ironie et l'humour noir — apanage du roman du même nom. Mais le héros romantique tout puissant et ambivalent dans sa toute-puissance (Rio Santo des *Mystères de Paris*, Bel Demonio des *Compagnons du silence*, 1857-1858), cède peu à peu la place, chez Féval, au héros criminel, et à l'innocent persécuté. En cela Féval, à partir surtout des *Habits noirs*, est bien l'expression de cette société du Second Empire qui ne croit plus guère au progrès moral de l'homme, et fera bientôt du crime le sujet de l'épopée romanesque.

D) *Les débuts de Ponson du Terrail (1852-1865)*. — Le vicomte Pierre-Alexis Ponson du Terrail (1829-1871), né à Montmaur (Hautes-Alpes) en 1829, arriva à Paris en 1847, après avoir échoué à Navale, pour tenter la carrière des lettres. Comme la plupart des romanciers-feuilletonistes, il commença par publier quelques textes courts, nouvelles, chroniques historiques, dans divers journaux parisiens avant de se lancer dans une œuvre de longue haleine.

Son premier roman fut *Les coulisses du monde* (1851-1852 dans *Le Journal des Faits*), « roman de mœurs contemporaines » qui donnera son nom au journal-roman qu'il dirigera de 1861 à 1865. De 1852 à 1870, Ponson du Terrail peupla de ses feuilletons de nombreux journaux, particulièrement *La Patrie*, dans lequel parut la première partie des *Rocambole,* de 1857 à 1862, mais aussi *L'Opinion nationale*, *Le Pays*, *La Presse, La Nation*, *Le Peuple*, puis, à partir de 1865, toute la presse populaire à 5 centimes, au succès de laquelle il contribua *(Le Petit Journal, La Petite Presse, Le Petit Moniteur)*.

Ecrivant sans secrétaire, sans nègre, il eut une production abondante — de 30 à 40 volumes in-8° de cabinet de lecture, environ 10 000 pages par an, 5 500 feuilletons dans la presse quotidienne parisienne de 1850 à 1871, soit 84 romans. Une grande partie de cette production est composée de romans historiques, qui valurent à Ponson du Terrail, de la part d'un critique belge, l'appellation d' « Alexandre Dumas des Batignolles ».

Il écrivit aussi de nombreux romans de mœurs contemporaines, ainsi *Les gandins* (*L'Opinion nationale*, 1860-1861). Mais c'est surtout la série des *Rocambole* qui passionna l'opinion publique et contribua à raviver l'exécration critique à l'encontre du roman-feuilleton.

Commencée en 1857 dans *La Patrie* sous le titre *Les drames de Paris*, elle se poursuivit, après une interruption de quelques années, dans la petite presse à un sou (*Le Petit Journal*, puis *La Petite Presse*) de 1865 jusqu'à la mort de Ponson du Terrail — et suscita même quelques suites, comme *Le retour de Rocambole* et *Les nouveaux exploits de Rocambole* de Constant Guéroult.

Dès la fin des années 50, Ponson du Terrail est, à égalité avec Féval, le romancier-feuilletoniste le plus célèbre du temps. En 1863 il fournit à lui seul cinq journaux en romans-feuilletons, comme Alexandre Dumas en ses plus belles années. Il gagne de 30 000 à 40 000 F par an au moins (un petit artisan, au même moment, gagne environ 1 500 F par an). La caricature, la légende s'emparent de lui.

D'après un document de 1866, Ponson du Terrail est le plus reproduit des feuilletonistes dans les journaux de province. Il publie également dans d'innombrables journaux-romans, *Les Veillées parisiennes*, *Le Voleur illustré*, *Le Siècle illustré*, *La Féerie illustrée*, *Le Roger Bontemps*, *Le Roman*, etc. De 1862 à 1870, enfin, parut son œuvre en livraisons illustrées (34 fascicules, illustrés par Beaucé, Bertall, Castelli, Nanteuil, Doré, Stall, Coppin, etc.).

Le théâtre entérina ses plus grands succès : deux drames, écrits en collaboration avec Anicet Bourgeois, furent portés à la scène : *Rocambole*, à l'Ambigu, en 1861, *La jeunesse du roi Henri*, au Châtelet, en 1864.

Dès *Les coulisses du monde*, et à la fin de sa vie encore, Ponson nomme sans ambiguïté ses modèles et ses références : Soulié, Sue, Dumas, Méry — et, avant tous, Balzac, l'unique, le maître. Les contemporains ne renièrent pas cette généalogie romanesque que se dressait Ponson : les uns lui trouvent la « vigueur d'imagination » de Soulié, les autres voient en Rocambole le reflet de d'Artagnan, certains critiquent en lui l'exagération d'un réalisme balzacien. Si on nie — à juste titre — la cohérence psychologique d'une œuvre où les personnages se présentent surtout comme des figures abstraites, proches des « rôles » de mélodrame, la description sociale n'est cependant pas absente de l'œuvre. Mais celle-ci vaut surtout par ce qu'elle nous fait percevoir de l'évolution idéologique et imaginaire d'une société, telle qu'elle se mire dans le roman : vision pessimiste, où le mal, dans son éternel recommencement, semble avoir autant de puissance — et plus de séduction — que le bien, dont rien ne le distingue, et où le détournement d'héritage, l'ascension criminelle et la destruction de la cellule familiale remplacent, dans l'obsession collective, la conquête de l'identité et les dangers de la toute-puissance.

L'œuvre de Ponson du Terrail, comme celle de Féval, relève encore d'une esthétique romantique, qu'elle pousse paroxystiquement à ses dernières limites, mais elle présente en même temps des caractères tout à fait nouveaux qui en font bien l'œuvre représentative de cette période de transition qu'est à maints égards le Second Empire.

2. **Les genres dominants : continuité et changement.** — Au roman historique, au roman de mœurs contemporaines, vient s'ajouter, à la suite du roman maritime, le roman exotique, particulièrement le roman américain de Gustave Aimard. Toujours en activité, Gonzalès, Berthet, Foudras, Gondrecourt, la comtesse Dash, cèdent une partie de la scène, pourtant, à de nouveaux venus : Ch. Deslys (1821-1885), E. Capendu (1826-1868), O. Féré (1815-1875), Constant Guéroult (1814-1882), E. About (1828-1885), A. Assolant (1827-1886).

Les romans-feuilletons de l'époque sont extrêmement diversifiés. C'est toutefois *l'aventure* qui domine, comme le remarquent les critiques dès la fin des années 50 : « Les romanciers qui jouissent dans la foule d'une popularité incontestable, écrit G. Planche en 1857, ne racontent que des aventures », et Barbey d'Aurevilly en 1865, à propos de Féval, note : « Il a écrit le roman d'aventures, à proprement parler le roman du feuilleton, quoique le feuilleton puisse en publier d'autres, mais avec moins de chances de succès que celui-là, en raison même de son infériorité. » Mais cette aventure se déploie tantôt dans le monde moderne, tantôt dans le passé, ici ou ailleurs, variant ainsi ses effets de sens et de représentation.

A) *Le roman de mœurs contemporaines*. — La grande référence reste Balzac, republié d'ailleurs dans *Le Pays* de 1852 à 1854. Son modèle de fresque sociale hante toujours maintes entreprises qui se veulent réalistes dans le tableau qu'elles dressent de la société, même si la complication de leur intrigue et les ressorts dramatiques de leurs péripéties les apparentent plus au roman d'aventures, et évoquent plutôt pour nous Dumas, Sue ou Soulié. Ainsi O. Féré publie en 1866 *Splendeurs et misères de Paris (La Patrie)*. *Madame Gil Blas* de Féval (*La Presse*, 1856-1857), *Les gandins* de Ponson du Terrail (*L'Opinion nationale*, 1860-1861), parmi d'autres, mêlent également aventures romanesques et représentation sociale.

Toutefois l'école « réaliste » met à la mode des tableaux de genre plus réduits, *Scènes de la vie de bohème* de Murger et de ses imitateurs, ou satires de la bourgeoisie, à la suite des romans de Champfleury (*Les bourgeois de Molinchart*, *La Presse*, 1854) et de Duranty (*Grandeurs de la vie domestique*, *Monsieur de Boisdhyver*, *La Presse*, 1856). Certains romanciers se spécialisent dans le roman mondain, tels L. Enault, ou A. Achard (*La chasse à l'idéal*, *Le Moniteur universel*, 1866) ou E. About (*La vieille roche*, *Le Petit Moniteur*, 1864-1865). Le monde paysan entre de plus en plus dans le paysage feuilletonesque, ainsi que la province, quoique Paris reste toujours le cadre principal du roman-feuilleton.

Mais c'est surtout le « demi-monde » qui peuple le

roman : escrocs, coureurs de dot et chevaliers d'industrie, bourgeois parvenus et filles légères. Jamais la courtisane n'aura dévoyé plus de faibles maris et de fils de famille. Portraits et galeries des « femmes de proie » se multiplient, de Ponson du Terrail à Féval, d'E. About (dont *Madelon*, dans *Le Constitutionnel*, 1862, semble préfigurer *Nana*) à E. Feydeau, d'A. Dumas fils à A. Belot ou J. Claretie.

La critique du capitalisme et de l'affairisme d'argent reste virulente, mais on voit surgir des ascensions honnêtes et justifiées (comme dans *Les misères d'un millionnaire* d'A. Achard, *La Presse*, 1860). Le thème le plus obsessionnel du roman de mœurs (il n'est pas absent non plus du roman historique) reste toutefois *le détournement d'héritage*.

B) *Le roman historique*. — Bien qu'il reste numériquement très important, le roman historique décline qualitativement sous le Second Empire. L'histoire n'est plus qu'un cadre pittoresque où se déploient des actions dont les motifs sont toujours d'ordre privé ou des intrigues en marge du déroulement historique (voir *Le bossu* de Féval).

A. Maquet, l'ancien collaborateur de Dumas, A. Achard, E. Berthet, E. Gonzalès, la comtesse Dash, Foudras, C. Robert, Gondrecourt, continuent à peupler les siècles passés de créatures de fantaisie et d'aventures héroïques, peu à peu relayés par les nouveaux venus : Ch. Deslys, E. Capendu, O. Féré, Constant Guéroult, Assollant, A. Ponroy, A. Robert et J. Cauvain. La plupart des journaux publient du roman historique, et toutes les époques sont mises à contribution, de Charlemagne à la Révolution.

La Révolution, qui inspire de nombreux romans à la fin des années 60, fait l'objet dès 1861 d'une longue fresque d'E. Capendu publiée dans *Le Journal pour tous*, *L'hôtel de Niorres*, longue série qui se ressent beaucoup, dans l'accumulation d'épisodes surajoutés brisant le fil de l'action, et dans le schéma même des intrigues, de l'imitation des *Drames de Paris* de Ponson du Terrail, alors en cours de publication.

La plupart de ces romans, écrits dans les marges de l'histoire, recevront bientôt le nom générique de romans de cape et d'épée, selon le titre d'un roman de Ponson du Terrail, *La cape et l'épée* (*L'Assemblée nationale*, 1855-1856). Dans ce domaine du roman de cape et d'épée, le Second Empire, sous lequel triomphent vaudeville et opérette, nous offre un avatar inattendu, en l'espèce du roman historique gai : *Le baron de Trenck* d'O. Féré (1864-1865), ou *Fanfan la Tulipe* de Charles Deslys (1859).

C) *Le roman exotique*. — Le roman maritime, où la mer et ses rivages constituent l'espace de l'aventure, s'était déjà épanoui sous la Monarchie de Juillet sous la plume d'E. Sue, G. de La Landelle, E. Gonzalès. Ce genre produit encore quelques œuvres sous le Second Empire.

Mais c'est une autre espèce d'aventure, plus moderne, qui tente désormais l'homme européen : celle de la colonisation. L'attrait ambigu pour les « terres vierges », le jeu d'oppositions entre nature et civilisation vont s'exprimer principalement dans le roman américain, dont les principaux représentants en France sont *Gabriel Ferry* (1809-1852) — son *Coureur des bois*, publié dans *L'Ordre* en 1850, fut réédité six fois en six ans — et surtout *Gustave Aimard* (1818-1883), dont de nombreux romans (*Les trappeurs de l'Arkansas*, 1858 ; *L'eau qui court*, 1861-

1862 ; *Les chasseurs d'abeilles*, 1863-1864), publiés des années 50 jusqu'à sa mort, obtinrent le plus vif succès dans les quotidiens parisiens et les journaux-romans.

Ces romans se déroulent dans l'Ouest américain et au Mexique, particulièrement dans la région de la Sonora, sous les feux de l'actualité depuis l'expédition du comte de Raousset-Boulbon — à laquelle prit part d'ailleurs Gustave Aimard. Dans cet espace sauvage, l'homme civilisé peut faire la preuve de sa supériorité « naturelle », tandis que le lecteur, sous la caution d'une étude de mœurs quasi ethnographique (les auteurs ont été témoins de ce qu'ils racontent, ils ont enquêté sur place), peut se délecter de scènes de violence et de passions que l'absence d'organisation sociale explique et en quelque sorte innocente.

La jalousie coloniale la plus virulente envers l'Angleterre s'exprime aussi dans les romans ayant l'Inde pour cadre, ceci dès la Monarchie de Juillet (Méry en avait la spécialité). Sauvagerie primitive de la nature et des hommes, oppression du colonisateur anglais se retrouvent dans les romans « indiens » qui évoquent la fameuse secte des Thuggs (Méry, 1858-1859, *Les étrangleurs de l'Inde*, précédant dans *Le Courrier de Paris*, *Les étrangleurs de Paris* de Constant Guéroult ; Germain de Lagny, *Hommes et bêtes sauvages*, *Courrier de Paris*, 1860).

Quant aux romans de la colonisation française, ils sont encore réduits à ceux de l'Afrique du Nord, principalement sous la plume d'A. de Gondrecourt, général de l'armée d'Afrique (*L'Anaïa*, *mœurs kabyles*, 1860 ; *Scènes de la vie arabe*, *Le pays de la peur*, *Mœurs des nomades*, 1860-1861) — en attendant les longues séries de Louis Noir.

III. — Les voies annexes de diffusion

1. **Librairie et édition.** — La multiplicité des formats et des collections dans lesquels se diffuse le roman

a frappé les contemporains : format in-8° « pour cabinet de lecture », format in-18 Charpentier à 3,50 F le volume (souvent 1 F à partir de 1854) — prix qui les met à portée de la petite et moyenne bourgeoisie, non encore des classes populaires. Ces collections (comme la « Bibliothèque des Chemins de Fer » de Louis Hachette, 500 volumes entre 1853 et 1869) publient aussi bien les romans issus des quotidiens ou des hebdomadaires populaires que ceux parus d'abord dans les revues littéraires. Il n'y a pas encore de réelle distinction entre édition « populaire » et édition « littéraire », du moins quant au contenu.

Il en est de même de la publication par livraisons illustrées à 20 centimes. Diffusées dans les villes et les gros bourgs par les libraires et les colporteurs, ces livraisons n'étaient achetées que par des fermiers aisés. Le mélange y prévaut également : ainsi Barba publie, de 1849 à 1855, dans sa collection de « romans populaires illustrés », Paul de Kock, Pigault-Lebrun... et la première édition collective de Stendhal. Tous les feuilletonistes du Second Empire y passèrent, ainsi que tous ceux de la Monarchie de Juillet — mais aussi Byron, Hugo, et les grands classiques de la littérature française et étrangère.

Le développement de l'image liée au texte du feuilleton est d'ailleurs un phénomène frappant sous le Second Empire : livraisons illustrées et journaux romans hebdomadaires, illustrés aussi de gravures sur bois, se multiplient, tandis que les affiches publicitaires accompagnent leur essor, signées Tony Johannot, Gavarni, Granville, puis Belloguet, Castelli, Belin, sortant peu à peu de la librairie ou du cabinet de lecture pour envahir les murs des villes.

Le roman-feuilleton profite aussi du développement des réseaux de diffusion. Le nombre des librairies en France est multiplié par trois entre 1840 et 1910 (l'augmentation en est particulièrement rapide entre 1850 et 1880). En 1853 se créent les bibliothèques de gare, dont Louis Hachette obtient le monopole. Elles suivent le développement du réseau ferroviaire, dotant parfois de points de vente inattendus des localités écartées. Par contre le cabinet de lecture dans les villes et le colportage dans les campagnes jouent un rôle de moins en moins important.

On constate, en effet, le lent déclin des cabinets de lecture sous le Second Empire. C'est sous la IIIᵉ République qu'ils disparaîtront tout à fait, écrasés par l'essor de la presse et des éditions populaires. De même, le colportage, subissant les mêmes concurrences et, de plus, surveillé dès 1852 par une commission de censure qui supprime, en 1854, 559 titres sur 3 649, perd en dix ans 75 % de son activité. Le développement des bibliothèques publiques, cependant, reste tardif et limité : en 1869, il n'existait encore que 15 000 bibliothèques scolaires et guère plus de 800 bibliothèques municipales ou privées.

2. **Les adaptations théâtrales.** — On continue à porter les succès du roman-feuilleton au théâtre. Drame et mélodrame d'un côté, vaudeville de l'autre, continuent à avoir les mêmes succès sur les mêmes scènes. Les feuilletonistes sont souvent aussi des hommes de théâtre. Tandis que Dumas père continue une carrière théâtrale bien remplie, Dumas fils triomphe au Gymnase dramatique et au Vaudeville, voire au Théâtre français, avec des comédies de mœurs parfois issues de ses romans, *La dame aux camélias*, *Diane de Lys, Le demi-monde, La question d'argent, Le fils naturel, L'ami des femmes*, etc. Capendu, Gozlan, y font jouer aussi, tandis que L. Mallefille, d'Ennery, Deslys, se produisent à la Porte-Saint-Martin ou à la Gaîté et que Chavette, Gaboriau,

Noriac, Scholl, Ullbach font représenter avec succès vaudevilles et comédies.

IV. — Position culturelle
du roman-feuilleton

1. **Roman de journal et roman de revue.** — Le roman, sous le Second Empire, passe presque toujours par la revue ou le journal avant d'être publié en livre.

La revue à cette époque se rapproche du journal : son prix baisse et son public s'accroît (de 5 000 abonnés en 1851, *La Revue des Deux Mondes* passe à 25 000 en 1868). Les trois principales revues littéraires, *La Revue des Deux Mondes*, *La Revue de Paris*, et *La Revue contemporaine* publient toutes nombre de romans.

Si certains romanciers ne publient qu'en revue, tels Flaubert, Sandeau, Cherbuliez, O. Feuillet, si d'autres publient presque exclusivement dans les quotidiens ou les journaux-romans (Féval, Ponson du Terrail, Guéroult, Boulabert, etc.), beaucoup publient à la fois en quotidien et en revue : tels sont G. Sand, Gautier (qui publie, à l'inverse de ce qu'on pourrait attendre, *Le capitaine Fracasse* dans *La Revue de Paris*, et *Spirite* dans *Le Moniteur universel*), Murger, Champfleury, Duranty, Barbey d'Aurevilly, H. Malot, L. Enault et quelques autres encore.

2. **Roman-feuilleton et critique.** — Aussi, ce qui frappe après les passions des années 40, c'est l'indifférence dans laquelle la critique laisse tomber le roman-feuilleton jusqu'en 1864-1865. A part quelques réactions des milieux catholiques et officiels contre les journaux-romans, le roman contemporain est étudié, loué ou critiqué à peu près indépendamment de son support. La critique ne deviendra vrai-

ment virulente que vers la fin des années 60, lorsque le surgissement des quotidiens à un sou, avec leur bas prix, leur public accru, et leur choix des romans-feuilletons les plus propres à attirer ce public, fera craindre que le roman-feuilleton dans ce sens réduit ne devienne « le roman du XIXe siècle » comme le dit Barbey d'Aurevilly en 1865 — lorsque, aussi, le mouvement naturaliste, prenant de la force, verra dans ces grandes séries feuilletonesques, le rival à abattre pour conquérir les suffrages populaires.

Avec le surgissement de la presse populaire — qui ne prendra toutefois toute son extension que sous la IIIe République — s'achève la première époque du roman-feuilleton. Nouveauté scandaleuse sous la Monarchie de Juillet, le roman-feuilleton est entré dans les mœurs sous le Second Empire. Par la multiplication de ses voies de diffusion, il accroît peu à peu son public.

Avant l'expansion de la presse de masse, le triomphe du naturalisme et du roman-mélodrame, le roman-feuilleton va passer, en gros entre 1866 et 1875 (1866 : entrée de Ponson du Terrail et de Gaboriau dans la petite presse à un sou ; 1876 : création du *Petit Parisien,* le deuxième grand journal populaire de la période 1875-1914), par une phase intermédiaire, où se transforment, au sein du roman, les anciens genres, tandis qu'en surgissent de nouveaux.

Chapitre II

UNE PÉRIODE DE TRANSITION
(1866-1875)

Dans cette période charnière, où se développe une presse populaire en même temps que se ranime la presse politique, le roman-feuilleton, lui aussi, évolue. Tandis que les dernières œuvres de Féval et de Ponson du Terrail opèrent à la fois la somme et la déconstruction du roman-feuilleton romantique, tandis que Hugo fait paraître *Les travailleurs de la mer* (*Le Soleil,* 1866) et E. Zola *La fortune des Rougon* (*Le Siècle,* 1870), le roman de mœurs continue à détailler les tares de la bourgeoisie et la séduction mortelle des courtisanes ; le roman historique, mis à part la tentative originale d'Erckmann-Chatrian, continue sur sa lancée. Louis Noir ouvre l'espace africain, qu'il a connu comme zouave de l'armée coloniale, aux aventures rocambolesques. Mais on assiste aussi à un retour en force de l'épopée du crime et du roman de mœurs populaires tandis que surgit, parallèlement au roman du criminel, le roman policier, appelé alors roman judiciaire, centré sur l'enquête (Gaboriau).

I. — L'essor
de la presse populaire

C'est le 2 février 1863 que le banquier Moïse Millaud fit paraître à grand fracas le premier numéro du *Petit Journal,* quotidien demi-format à 1 sou (5 centimes) vendu principalement au numéro.

Pour être rentable, le journal à 1 sou devait tirer au moins à 100 000 exemplaires — le double des meilleurs tirages des quotidiens politiques à l'époque. C'est seulement en devenant une entreprise capitaliste, et en profitant de tous les développements de la technique (presse rotative de Marinoni, perfectionnée entre 1863 et 1914, permettant les gros tirages, extension et multiplication des moyens de communication) que le nouveau journal put tenir ce pari.

Millaud sut créer un réseau de vente unique en France : dépôts dans toutes les sous-préfectures, les chefs-lieux de cantons, les simples villages, d'où partaient des « crieurs », parcourant rues et ruelles. Il y avait 18 000 de ces dépositaires à la fin du siècle.

Par ailleurs, *Le Petit Journal* inaugura l'ère de la presse à sensation, attirant le public populaire par la narration dramatique de faits divers sanglants et horrifiques très semblables aux anciens « canards », et par le compte rendu détaillé des grands procès d'assises présents ou passés. Ajouté à cela, un sens très moderne de la publicité : premier numéro du *Petit Journal* distribué gratuitement le jour du lancement, immenses affiches mélodramatiques, aux couleurs crues, collées sur les murs de la ville, sur les kiosques à journaux, les voitures postales, prospectus illustrés distribués dans les rues lors du lancement d'un feuilleton. Ces procédés, nouveaux à l'époque — ils n'allaient pas tarder à se généraliser —, produisirent l'effet de choc recherché.

Dans les premiers temps, *Le Petit Journal,* dont le tirage, dès 1864, était monté à 150 000 exemplaires, ne publia guère que des nouvelles ou de courts romans. Le public, proclamait le prospectus du journal, était dégoûté des longs feuilletons. Toutefois, dès 1866, *Le Petit Journal* frappa un grand coup en publiant *La résurrection de Rocambole* (223 feuilletons) qui fit aussitôt monter le tirage. Par la suite et jusqu'en 1875, *Le Petit Journal* ne publia plus que des romans-feuilletons originaux, d'auteurs et de longueurs divers, surtout des romans « judiciaires » — et de mœurs — d'Emile Gaboriau, qui, s'il fut révélé par *Le Petit Journal*, contribua aussi beaucoup à son succès.

La concurrence ne s'était pas fait attendre. Dans les années 60, à la suite du *Petit Journal,* se fondèrent de nombreux journaux à 1 ou 2 sous, certains éphémères, d'autres plus durables comme *La Petite Presse* qui fit de Ponson du Terrail son feuilletoniste attitré, ou *Le Petit Moniteur du Soir*. Avec *Le Petit Journal* et ses imitateurs naissait une nouvelle presse, distincte à la fois de la presse d'opinion et de cette presse mondaine et échotière, « boulevardière », du Second Empire, qui n'était guère adaptée à une lecture de masse.

La concurrence du fait divers criminel, ainsi que la recherche d'un public étendu aux couches populaires, amenèrent un renouveau de l'épopée des bas-fonds et de la peinture des mœurs populaires, ainsi que le développement, à côté du roman du criminel, de celui du policier. Néanmoins la plupart des quotidiens — et *Le Petit Journal* lui-même — continuèrent à publier des textes assez divers jusqu'à la fin des années 70. Par ailleurs, l'éclosion d'une presse populaire privilégiant le fait divers et drainant un nouveau public, au moment même où renaissaient la presse et les luttes politiques, entraîna une réaction de rejet politique et critique qui n'est pas sans rappeler, en plus prononcé, celle qui accueillit le roman-feuilleton à ses débuts. Rejet total de la part des critiques et de certains écrivains, qui finit par englober le roman lui-même, tentative de monter une entreprise concurrente de la part de certains autres (Zola, Vallès).

II. — Evolution du roman-feuilleton

1. **La déconstruction de l'héritage romantique.** — Tandis que les grands feuilletonistes de l'ère romantique donnent leurs dernières œuvres (Dumas meurt en 1870, Ponson du Terrail en 1871, Féval cesse de produire pour le grand public en 1876), une tradition du genre se constitue peu à peu. Après les republications de Balzac et de Soulié dans les années 50, on fait appel, aux débuts de la presse populaire, aux œuvres anciennes d'A. Karr, Méry, A. Dumas, P. Féval, G. de La Landelle, E. Berthet, E. Gonzalès... Les fils prennent la relève des pères : Dumas fils est déjà célèbre, Féval fils va bientôt donner une suite aux aventures de Lagardère et d'autres héros de cape et d'épée, Henry de Kock prolonge le nom de son père, mais dans le genre historique. Dans *La Petite Presse,* Jean Du Boys publie une *Comtesse de Monte-Cristo* (1867-1868), à côté de *Les blancs et les bleus* de Dumas, et Henri Augu *Le mousquetaire du cardinal* dans *La Presse* (1870).

Avec la libéralisation de l'Empire, le renouveau du roman des bas-fonds et des misérables, à la Sue ou à la Hugo, se marque par de nombreuses publications : *Nouveaux mystères de Paris* (A. Scholl, *Le Petit Journal,* 1866-1867), *Mansardes de Paris* (P. Zaccone, *Le Petit Journal,* 1868-1869) et autres *Bas-fonds de Paris* (Constant Guéroult, *La Petite Presse,* 1870) apparaissent au rez-de-chaussée de tous les journaux.

Mais plus encore que par la naissance d'une tradition, la fin de l'ère romantique du roman-feuilleton est marquée par cette étonnante somme que sont les séries de *Rocambole* de Ponson du Terrail, et des *Habits noirs* de Féval.

A) Rocambole, « *un roman qui ne finirait pas* ». — Commencé en 1857 dans *La Patrie,* la série des *Rocambole* ne fut interrompue que par la mort de son auteur : *Les drames de Paris* parurent en sept épisodes dans *La Patrie* (1857 : *L'héritage mysté- rieux* ; 1858 : *Le club des valets de cœur, Les exploits de Rocambole* ; 1859 : *La revanche de Baccarat* ; 1860 : *Les chevaliers du clair de lune,* 1. *Le manuscrit du domino,* 2. *La dernière incarnation de Rocambole* ; 1862 : 3. *Le testament de grain de sel*), puis *Les nou- veaux drames de Paris* dans *Le Petit Journal* (*La résurrection de Rocambole,* 1865-1866) et *La Petite Presse* (*Le dernier mot de Rocambole,* 1866 ; *Les misères de Londres,* 1867-1868 ; *Les démolitions de Paris,* 1869 ; *Rocambole, nouvel épisode : La corde du pendu,* 1870). Ce sont de très longues séries (entre 100 et 200 feuilletons) qui tinrent en haleine leur public sans désemparer — et auxquelles il faut ajouter quelques épisodes séparés : *La fiancée de Rocambole* (1866) et *Les rêves de Rocambole* (1866- 1867).

Rocambole, d'abord comparse dans les deux premiers romans de la série, qui racontent la lutte entre le héros du bien, Armand de Kergaz, et son demi-frère, le héros du mal, Andréa, ne vient sur le devant de la scène qu'à partir du troisième roman, *Les exploits de Rocambole.* Roi de la pègre, Rocambole essaie de s'emparer des héritages, et de voler une identité noble. Mais il est contré par Baccarat, la courtisane repentie, et il échoue fina- lement au bagne. Dans les épisodes suivants, il en ressort repenti et, à la tête d'une association de criminels repentis comme lui, il devient le défenseur des opprimés, le restituteur des héritages détournés. Ses aventures nous promènent de France en Angle- terre, dans toute l'Europe et même en Inde, où Rocambole s'oppose à la secte des Thuggs *(Le dernier mot de Rocambole).* Rocambole n'hésite pas à employer les mêmes armes que ses adversaires, et poison, séduction, femmes fatales et courtisanes repenties, magnétisme, catalepsie, tortures, emprisonnements dans les lieux les plus divers scandent ces romans dont le contexte référentiel reste celui de la société moderne.

Le thème du détournement d'héritage est obsessionnel dans la série des *Rocambole,* comme dans toute l'œuvre de Ponson (un de ses romans s'intitule *Les voleurs d'héritages,* 1864). L'action salvatrice de Rocambole consiste essentiellement à faire restituer aux héritiers légitimes titres, argent, place dans la société, volés généralement par de proches parents ou amis, souvent par des bâtards : miroir de sa propre illégitimité tendu à la société ? Plus intéressante encore est la transformation du héros qui entraîne avec elle celle de la structure de l'intrigue : Rocambole tient encore de Rodolphe et de Monte-Cristo, mais déjà de Zorro ou Superman. Il intervient comme sauveur, de l'extérieur, dans des intrigues qui ne le concernent nullement. Aussi l'histoire ne peut-elle jamais se terminer ; l'intrigue reste toujours ouverte vers la série, virtuellement infinie, des situations que le justicier peut redresser, et se disperse en épisodes qui s'accumulent sans jamais pouvoir se synthétiser.

Pour retenir l'attention et renouveler l'émotion, l'auteur a recours à des trouvailles d'objets (le clou qui retient la guillotine lors de l'exécution, le fusil à silencieux qui coupe la corde du pendu au moment de la pendaison), à une mise en scène de la cruauté et à une rhétorique hyperbolique, à la limite du parodique, qui ont inspiré Lautréamont et qui se retrouveront dans *Fantômas.* Un changement important s'observe également dans le rôle de la *femme* qui devient, à l'égal de l'homme, active et efficace pour la protection comme pour l'attaque, et dans celui de *l'enfant,* de plus en plus présent dans le roman, où il joue à peu près le même rôle que le trésor ou l'héritage : objet du désir, de la perte et de la reconquête, symbole de puissance.

Une évolution parallèle des structures romanesques peut s'observer dans la série concurrente écrite par Féval : celle des *Habits noirs.*

B) Les Habits noirs, *ou la mafia au XIXe siècle.* — *Les Habits noirs*, dont le succès fut comparable à celui des *Rocambole*, parut dans plusieurs quotidiens politiques *(Le Constitutionnel, L'Epoque, Le National)*, en sept épisodes, de 1863 à 1875 : *Les Habits noirs* (1863), *Cœur d'acier* (1865), *La rue de Jérusalem* (1867-1868), *L'avaleur de sabres* (1867), *L'arme invisible ou le secret des Habits noirs* (2e partie : « Maman Léo »), 1869, *Les compagnons du trésor* (1870-1872), *La bande Cadet* (1875). Les épisodes sont reliés entre eux par la réapparition des mêmes personnages, les maîtres des Habits noirs, commandés par l'infernal centenaire, le colonel Bozzo-Corona, mais chaque épisode comporte une intrigue et des personnages nouveaux.

Vols, assassinats, détournements d'héritage, substitution de personnes sont aussi les moyens dont se servent les membres de la société secrète des *Habits noirs* pour mener à bien leur criminelle ascension au sein de la société. Chacun des romans, et l'ensemble de la série, combinent en fait deux actions : une entreprise, toujours renouvelée, menée par la société criminelle pour conquérir à l'un ou l'autre de ses membres richesse et position sociale — au détriment des héritiers légitimes — et ceci en offrant à la loi, pour se protéger, un coupable apparent, immanquablement condamné, mais parfois de justesse sauvé ; et une lutte pour le pouvoir suprême, incarné dans la possession du trésor, au sein même de la société criminelle. Ce pouvoir suprême, c'est le colonel Bozzo, « l'immortel assassin, l'éternel parricide », qui le détient et l'incarne. Dans les derniers romans de la série, c'est cette lutte même qui tient le devant de la scène, le désir de l'or et du pouvoir culminant dans une sorte de vertige dément, où sont pris presque tous les personnages du roman, et dans l'autodestruction finale de la société criminelle.

D'extraordinaires figures peuplent ces romans aux intrigues embrouillées et affolantes : le mélancolique tueur à gages des Habits noirs, *Coyatier* dit *le Marchef,* avatar noir du Chourineur, *Maman Léo,* la géante et sentimentale dompteuse de tigres, le couple burlesque de bohèmes, *Echalot* et *Similor,* qui traverse tous les épisodes, *Trois-Pattes,* le héros (faussement) paralytique du roman éponyme de la série...

Dans cette œuvre monumentale, profondément ironique, nous retrouvons des thèmes et des tendances, communes à Ponson du Terrail et à Féval, mais qui, chez Féval, prennent une tout autre allure et signification : la substitution d'identité et la captation d'héritage, ainsi que la quête par la mère d'un enfant perdu ou volé ; l'association criminelle y a le pas sur l'individu, et reprend au héros romantique les attributs de la toute-puissance. Dans la vision extrêmement sombre qu'offrent *Les Habits noirs,* il n'y a de toutpuissant que des abstractions : l'association, l'or, le crime, l'éternité du mal, dont le colonel Bozzo est l'immortel symbole. L'indestructible puissance du mal prend la forme, obsessionnelle, chez Féval, d'une inversion généralisée des valeurs : inversion sacrilège de l'or adoré comme Dieu, inversion dans l'ordre des générations, qui fait survivre le vieillard plus que centenaire, le colonel Bozzo, à tous ses héritiers, inversion de l'erreur judiciaire organisée, qui fait condamner l'innocent au lieu du coupable, inversion du couple homosexuel Echalot-Similor, inversion des femmes plus fortes que les hommes... inversion redite par la figure lancinante du carnaval, par le style lui-même, qui brouille l'énonciation, par le sarcasme et l'ironie, de même que les fils embrouillés de l'intrigue troublent les repères de l'identité. L'organisation criminelle qui domine ce monde en train de retourner à la sauvagerie primordiale, la « commandite générale du meurtre et du vol », comme l'intitule Féval, a tous les traits d'une moderne mafia : son origine dans le banditisme italien et sa diffusion internationale, sa structure familiale pervertie par de sanglantes luttes pour le pouvoir, la précision des opérations qu'elle monte, la manière dont elle pénètre la société comme un cancer, les données légendaires (présentées comme telles) de son existence, et même ses tueurs à gages patentés. Tout en restant un roman de mœurs et un roman historique, *Les Habits noirs* font déjà penser au roman policier, et, plus encore, à la série noire.

2. **La relève des genres**

A) *Le roman de mœurs et le roman historique.* — La majorité des journaux, journaux politiques comme presse populaire, continuent à publier principalement des romans de mœurs et des romans historiques.

Le roman de mœurs a encore souvent pour cadre le demi-monde, mais l'apparition de la presse populaire donne un nouvel essor au roman des bas-fonds, et des milieux populaires : l'année 1866 voit ainsi publiés, dans *L'Opinion nationale*, *Le roman des ouvrières* d'E. Bosquet et *L'histoire d'une ouvrière* d'Auguste Marc-Bayeux, *La chanteuse des rues* d'Alfred Lapointe paraît dans *La Presse*. Des romanciers comme *Zaccone*, *Bouvier*, *Guéroult*, *Boulabert* se spécialisent dans ce dernier genre. Les thèmes principaux restent cependant l'adultère (Montépin, 1872-1873, *Les drames de l'adultère*), les ravages de la passion conduisant au crime. Le point de vue est plus physiologique et médical qu'auparavant, la thématique souvent orientée vers les déviations sociales les plus diverses (folie, crime, lesbianisme — voir par exemple le succès de scandale de *Mademoiselle Giraud, ma femme*, d'Adolphe Belot dans *Le Figaro* en 1870). Les auteurs les plus représentatifs sont sans doute *A. Belot* (1829-1890) et *H. Malot* (1830-1907), dont *Les victimes d'amour* fut salué par Taine, Zola et Vallès.

Le roman de mœurs se spécialise volontiers dans les scènes de la vie militaire (Gondrecourt, J. Noriac, L. Noir) ou dans le roman clérical ou anticlérical (G. Sand, O. Feuillet, F. Fabre, Z. Fleuriot), tandis que, sur les traces de George Sand, L.-M. Gagneur et André Léo (pseudonyme de Mme Champseix) allient dans les colonnes du feuilleton socialisme et féminisme. L'étude des mœurs provinciales est également à l'ordre du jour. Après le Berry de George Sand, chaque province a son chantre, Ponson du Terrail pour l'Orléanais, Féval pour la Bretagne, Erckmann-Chatrian pour les Vosges, et bien d'autres encore.

Le roman historique traditionnel continue à bien se porter, sous la plume de Paul Saunière, A. Robert et J. Cauvain, Assollant, H. Augu, A. Achard, Ch. Deslys. La fin des années 60 voit surgir de nombreux romans ayant pour cadre la Révolution française ou le Premier Empire : la trilogie de Ch. Monselet, *M. le duc s'amuse*, *François Soleil*, *La fin de l'orgie* (1866), A. Robert et J. Cauvain, *Les proscrits de 93* (1866), A. Dumas, *Les blancs et les bleus* (1867), sans oublier bien sûr les récits d'*Erckmann* (1822-1899) et *Chatrian* (1826-1890), *Madame Thérèse*, *Les volontaires de 92*, *Le conscrit de 1813*, *L'invasion : Waterloo*. Ces romans « nationaux », qui allient à une esthétique réaliste une tentative originale pour peindre l'histoire du point de vue de l'homme du peuple qui y est engagé, obtiennent dès 1863-1864 un grand succès populaire. Dans la vente en fascicules, ces romans attinrent des tirages considérables.

Autour de 1870 le roman, qu'il fût historique ou de mœurs, tourna souvent au patriotique revanchard. Que de « routes vers Berlin » interrompues par la défaite (Ponson du Terrail, *Les Français à Berlin* dans *Le Petit Moniteur*, Gaboriau, *La route de Berlin* dans *Le Petit Journal*) et que de caricatures de « Teutons » dans les romans-feuilletons de l'époque ! L'Alsace et la Lorraine devaient jouer par la suite, plus ou moins selon l'actualité politique du moment, le rôle d'enfants perdus de l'histoire de France. La Commune figure également dans le roman-feuilleton (dès 1871 dans *La bande rouge* de F. du Boisgobey, et jusqu'à la fin du siècle dans de nombreux romans-feuilletons). Elle s'adaptait « tout naturellement » au roman des bas-fonds, qu'il fût de gauche ou de droite, et se prêtait admirablement à la mise en scène récupératrice de la violence populaire et de ses déviations.

B) *Le roman exotique et le roman « scientifique ».* — « Aventures terribles, passions ardentes, atroces vengeances, aventurières et assassins, rebuts de la civilisation et représentants de la vie sauvage », selon Vapereau (1868), peuplent le « roman des drames exotiques ». Germain de Lagny publie en 1866 *Les Thugs ou étrangleurs de l'Inde (Les Nouvelles)*, R. de Pontjest *La revanche de Ferringhea* en 1868 *(Le Nouveau Journal)*. Gustave Aimard reste le grand spécialiste des drames mexicains ou nord-américains (*La forêt vierge*, 1870-1872, *Les scalpeurs blancs*, 1873, *Cardenio*, 1874). Louis Salmon, dit *Louis Noir* (1837-1901), qui s'engagea dans les zouaves à 17 ans, connut l'Afrique, la Crimée, l'Italie, puise dans ces expériences la matière de nombreux romans-feuilletons : *Le lion du Soudan* (1869), *L'homme aux yeux d'acier* (1870), *L'homme des sables* (1870). A. Assolant (1827-1886), voyageur lui-même, fait voyager ses héros, dans les *Aventures du capitaine Corcoran* (1867), ou encore *L'aventurier* (1872). Ces romans exotiques sont assez souvent désignés dès l'époque comme des romans « pour la jeunesse », quoique ni leur mode de publication (dans les journaux quotidiens), ni leur destination explicite ne le justifient. Il en fut de même, et plus souvent encore, on le sait, avec Jules Verne (1828-1905) dont l'œuvre parut, pour sa plus grande partie, dans *Le Magasin d'éducation et de récréation* de Hetzel et servit de livre de prix à tous les enfants à partir de 1864. Il fut aussi publié dans les quotidiens politiques, néanmoins (*Autour de la lune* parut en 1869 dans *Le Journal des Débats*, *Une ville flottante* en 1871 ; Verne publia aussi dans *Le Temps*, *Le Soleil* et, plus tard, *Le Journal*).

Avec Verne, le voyage devient, en 62 romans, une prise de possession encyclopédique du monde. La vulgarisation de la science était à la mode (en 1877 sera créé *Le Journal des Voyages*). Mais chez lui le voyage est aussi, indissolublement, parcours initiatique, énoncé mythique. Rêverie à partir des données vulgarisées de la science, le roman vernien ouvre la voie au roman d'anticipation, qui se développera, avec entre autres Louis Boussenard et Paul d'Ivoi, surtout après 1875. Jusqu'à la fin du siècle toutefois, la place de ces romans dans le feuilleton des quotidiens restera minoritaire.

Il n'en est pas de même d'un genre qui prend naissance, en tant que genre spécifique, à la fin des années 60 : le roman « judiciaire », ancêtre du roman policier.

C) *Le roman judiciaire.* — Dans la seconde moitié du XIXe siècle, se développe dans le feuilleton un type de roman centré sur le crime, l'enquête, la poursuite du criminel, l'instruction ; ce roman, ancêtre du roman policier, est alors appelé « roman judiciaire », et le principal représentant en est *Emile Gaboriau*.

Le roman judiciaire n'est évidemment pas sans antécédents. Chez Balzac, chez Dumas, chez Féval, pour ne citer que les plus connus, on trouve, dès avant 1860, des éléments de roman policier : poursuite du criminel par le policier, enquêtes, instructions criminelles. Par ailleurs la mode des mémoires de chefs de police à la retraite est lancée, dès les années 20, entre autres par Vidocq. Les contes de Poë sont traduits et paraissent dans les journaux dès la fin de la Monarchie de juillet. Le traqueur de pistes, calqué sur les Indiens de Cooper et de ses successeurs, est un personnage familier dans le paysage romanesque du Second Empire.

Le roman du criminel, déjà policier à moitié, se développe particulièrement dans les années 60 qui voient également les premières traductions du romancier anglais *Wilkie Collins* (1824-1889) : *La femme en blanc*, publié simultanément en feuilletons à Londres et à New York, paraît en traduction dans le journal *Le Temps* en 1861 (comme feuilleton inaugural). Le roman, qui s'inspirait, dans l'agencement du récit, de la succession des témoignages lors d'un procès criminel, remporta un grand succès.

La création de la petite presse à un sou, qui s'appuya, plus encore que ses devancières, sur le fait divers criminel, ne fit que développer le goût du public pour ce genre de récit. En 1866, *L'affaire Clemenceau* de Dumas fils, et *Un assassin* de J. Claretie, qui mettent tous deux en scène un crime mondain, sont les succès les plus notés de l'année. C'est également en ces années qu'atteint la notoriété l'auteur qui est devenu, pour la postérité, le père du roman policier contemporain : Emile Gaboriau.

Emile Gaboriau (1832-1873) : issu de la moyenne bourgeoisie, Gaboriau, après des études médiocres et un bref passage par l'armée, vint à Paris tenter sa chance. Il y traîna sa misère pendant quelque temps, écrivant des chroniques humoristiques, à partir de 1858, dans *La Vérité*, *Le Tintamarre*. Secrétaire au *Jean Diable*, le journal de Féval, de 1861 à 1862, puis chroniqueur au *Pays*, Gaboriau n'atteignit la notoriété qu'à partir de 1865, avec un roman, *L'affaire Lerouge*, publié dans *Le Pays*, puis dans *Le Soleil* (1866), un des journaux du groupe Millaud. *L'affaire Lerouge* avait pour point de départ un fait divers réel, l'assassinat de la veuve Célestine Lerouge, à la barrière d'Italie. Ce premier succès fut bientôt suivi d'un deuxième, *Le crime d'Orcival* (dans *Le Soleil*, octobre-décembre 1866). Millaud remarqua le jeune auteur et le fit entrer au *Petit Journal* en 1867. Gaboriau devint ensuite feuilletoniste attitré du *Petit Journal*, où il publia entre 1867 et 1873 plusieurs autres romans judiciaires *(Le dossier n° 113, Monsieur Lecoq)* ou de mœurs *(Les esclaves de Paris, La vie infernale, La clique dorée)*.

Gaboriau atteignit tout de suite la popularité des plus grands. Ses romans, annoncés à grand renfort de publicité spectaculaire, faisaient monter le tirage du journal. Quoique certains des romans de Gaboriau soient des romans de mœurs, Gaboriau n'en fait pas moins date dans l'histoire de la genèse du genre policier : chez lui, le roman reste encore très centré sur l'histoire du criminel, mais la progression de l'enquête devient une part de plus en plus importante et centrale de la narration. De plus, avec le personnage de *Lecoq*, policier apte aux déguisements comme tous les héros populaires, mais aussi génie de la déduction comme le Dupin de Poë, et dont la gouaille devance celle de Lupin, Gaboriau a créé l'une des premières figures marquantes de détective moderne.

D'autres auteurs suivirent les traces de Gaboriau, mort en 1873 : tels *Eugène Chavette* (1827-1902), lui-même chroniqueur judiciaire, ou *Constant Guéroult* (1814-1882), et, un peu plus tard, *Fortuné de Boisgobey* (1821-1891) — qui écrivit, en 1878, *La vieillesse de M. Lecoq* : avec eux le roman policier se dégage peu à peu de la matrice populaire pour conquérir son autonomie propre.

III. — Le roman-feuilleton
dans le mouvement littéraire
et dans le mouvement de l'édition

L'attitude des romanciers naturalistes et apparentés (Zola, Goncourt, Barbey d'Aurevilly, Vallès...) par rapport au feuilleton est double. D'une part, on se sert du feuilleton pour diffuser ses propres œuvres (par recherche du profit et du public) ; tout Zola est publié en feuilletons, mais également de nombreux Goncourt (*Renée Mauperin*, *L'Opinion nationale*, 1863-1864, *Manette Salomon*, *Le Temps*, 1867), plusieurs Barbey d'Aurevilly (*Un prêtre marié*, *Le Pays*, 1864), etc. D'autre part, on critique et on rejette le roman-feuilleton à succès, celui des « conteurs », au nom d'une esthétique plus haute, qui met la recherche d'une vérité (psychologique, physiologique, sociale) avant l'art de plaire en fascinant l'imagination. A mesure que croît le succès des périodiques populaires, et des romanciers qui en assurent la vente, comme Ponson du Terrail et Féval, cette critique devient plus virulente : Zola, qui reconnaissait en 1866 de la « verve » et de l' « imagination » aux conteurs du roman-feuilleton, et qui, s'il en assignait plutôt la lecture à la jeunesse, avouait du moins qu'ils « passionnaient », et « attachaient », traite en 1872 le feuilleton de « sentine » du journal où nulle âme littéraire honnête n'oserait se risquer. La réaction des critiques de métier suit des voies parallèles. La plupart des critiques de l'époque romantique confondaient dans un même anathème Balzac, Sand, Hugo, Dumas, Sue et bien d'autres ; à partir de la fin des années 60, les critiques, même lorsqu'ils ne sont pas d'accord avec les naturalistes, auxquels ils reprochent de mettre en scène « la chair » seule et d'avoir une prédilection pour l'horrible ou le vulgaire, distinguent soigneusement ceux qui, comme Zola ou les Goncourt, écrivent des romans « littéraires » (analyse et peinture du cœur humain) et ceux qui, comme Ponson, Dumas, Féval ou Gaboriau, écrivent des romans « dramatiques » et « populaires », tout en imbroglios et aventures — les premiers destinés à un public « délicat », les autres, au lecteur « vulgaire ». Bientôt, c'est le roman dans son entier qui sera rejeté comme une forme non artistique.

Cependant, malgré les lamentations de nombreux critiques et hommes de lettres sur la disparition du livre au profit de la presse, plaintes que réactive l'apparition de la presse à un sou, l'édition se porte bien sous le Second Empire et se développe parallèlement au journal ; l'année la plus productive est 1866 : plus de 13 000 titres publiés, il y en aura 12 269 en 1869.

Le lien entre journal et livre reste fondamental : toute la production feuilletonesque passe en livre — le format in-18 ou in-32 de 1 à 3 F le volume, chez Faure, Dentu, Hachette ou Michel Lévy, étant le modèle le plus courant — mais il n'exclut pas le in-8° destiné à une clientèle plus aisée. Certains succès de librairie (*Les misérables* à partir de 1862, *La vie de Jésus* à partir de 1863) ne sont pas issus du feuilleton — il en est de même de l'œuvre d'Erckmann-Chatrian qui aura plus de succès dans l'édition populaire in-18 que dans le feuilleton — ce qui laisse déjà présager l'émancipation future du livre par rapport au feuilleton, lorsque le livre sera suffisamment bon marché et suffisamment répandu pour concurrencer le journal.

Il n'en est pas encore ainsi toutefois, et dans la plupart des cas, les grands succès du feuilleton et les grands tirages de librairie sont identiques. Il n'y a guère encore de spécialisation dans les maisons d'éditions : les mêmes éditeurs publient Flaubert, Sand, Barbey d'Aurevilly, et Dumas, Féval ou Ponson. Mais l'on voit se développer de façon plus systématique qu'auparavant les éditions et collections spécialement destinées à la jeunesse, ce qui servira à marginaliser toute une partie de la production romanesque.

Les transformations de la presse et de l'édition, cette évolution progressive et cette mutation interne des genres nous conduisent, en ces débuts de la IIIe République, vers une nouvelle ère du roman-feuilleton.

Chapitre III

LE ROMAN-FEUILLETON
SOUS LA IIIe RÉPUBLIQUE
(1875-1914)

La IIIe République, sous laquelle se développent la presse de masse et l'édition populaire, et qui procède à l'installation de la légitimité républicaine, représente également un moment spécifique de l'histoire du roman-feuilleton. C'est à la fois le moment de son plus grand déploiement — deux ou trois feuilletons chaque jour dans la majorité des quotidiens parisiens et provinciaux — et le moment où, guetté par la concurrence d'autres médias — les éditions populaires, le cinéma, la BD, le roman-photo —, il va perdre de son importance spécifique et devenir un mode parmi d'autres, de plus en plus mineur, de la littérature de masse. C'est également le moment — surtout dans la période de construction de la République (1875-1900) — où sa stéréotypisation et sa conformité à l'idéologie dominante sont au plus fort.

I. — La presse de 1875 à 1914

La IIIe République est pour la presse une période à la fois d'expansion et de diversification.

Expansion : de 1870 à 1914, on compte en moyenne de 50 à 70 quotidiens parisiens. Le tirage quotidien de la presse parisienne passe de 1,5 million à 5,5 millions. Le nombre de journaux provinciaux augmente aussi sensiblement : de 100 à 240, et leur tirage passe de 0,5 million à 4 millions. C'est alors qu'apparaissent les grands organes régionaux : *Le Nouvelliste* de Lyon (conservateur), *Le Progrès* de Lyon, *La Petite Gironde* de Bordeaux, et *La Dépêche* de Toulouse (républicains). Le journal pénètre dans les campagnes et touche enfin un véritable public populaire.

Diversification : coexistent des journaux politiques, d'opinion, plus ou moins engagés, qui mettent l'accent sur l'information politique et sociale, le commentaire et l'analyse, et des journaux d'information, toute une presse populaire qui s'appuie sur le fait divers.

Parmi les journaux d'opinion subsistant sous la IIIe République, certains ont été fondés sous la Monarchie de Juillet ou le Second Empire, voire même avant (*Le Siècle* (1836), *La Presse* (1836), *Le Journal des Débats* (1789), *Le Temps* (1861), *Le Figaro* (1866)). Ils sont en général en perte de vitesse : en 1912, *Le Journal des Débats* ne tire plus qu'à 26 000 exemplaires, chiffre dérisoire pour l'époque. D'autres se sont fondés en 1870 à la faveur de la libéralisation des lois sur la presse, qui devait aboutir au Code de 1881, lequel provoqua également une floraison de nouveaux journaux : tels le *Gil Blas*, *L'Echo de Paris*, *Le Cri du Peuple* de Vallès, *L'Eclair*, ou, plus tard, *L'Humanité* de Jaurès.

Quant aux journaux d'information, ils sont en 1914 quatre qui dominent la scène parisienne : *Le Petit Journal*, *Le Petit Parisien*, *Le Journal* et *Le Matin*. A eux quatre, ils tirent à 4,5 millions d'exemplaires, soit 75 % des tirages parisiens, et 40 % des tirages nationaux. *Le Petit Journal*, dont on a vu les débuts sous le Second Empire, se maintient, et même accroît son expansion sous la IIIe République, aidé des progrès toujours grandissants de la technique (linotype et photogravure après 1870), de la concentration capitaliste, et du développement des réseaux de communication.

Un concurrent lui était né cependant, qui allait bientôt le dépasser. *Le Petit Parisien*, fondé en 1876, atteignit 1 000 000 d'exemplaires en 1902, 1 180 000 en 1905, 1 450 000 en 1914 (c'est alors le plus fort tirage du monde). Deux autres journaux les rejoindront dans le peloton de tête : *Le Matin*, fondé en 1884, et *Le Journal*, fondé en 1892. En 1912, ils tireront respectivement à 650 000 et 985 000 exemplaires.

Ces quatre journaux forment certes un ensemble cohérent dans la presse parisienne : mêmes tirages (les autres journaux viennent bien loin derrière), même format, même nombre de pages (de 6 à 8 ou 10, à partir de 1900), même style d'information, même modernité dans les moyens techniques de fabrication et de diffusion et dans l'usage de la publicité. Toutefois la différence entre journaux d'information et journaux d'opinion tend à se réduire sous la IIIe République parce que l'on assiste à une politisation générale de la presse, et parce que la libéralisation des lois sur la presse et les progrès de la technique permettent également aux journaux d'opinion de baisser leur prix (en 1884, seul *Le Journal des Débats* est resté à 20 centimes, les autres sont à 15, 10 ou 5 centimes ; en 1912, la plupart des journaux sont à 5 centimes). Et, ce qui témoigne de la vogue inaltérable du roman-feuilleton, tous, ou presque, publient des romans-feuilletons.

Cette permanence du roman-feuilleton est d'autant plus caractéristique qu'elle semble bien correspondre à une exigence du public lui-même. *Le Petit Journal* avait voulu dans un premier temps renoncer au roman-feuilleton, mais il avait dû, à partir de 1866, revenir au feuilleton. *Le Matin*, de même, avait annoncé, lors de son lancement, qu'il renonçait au roman-feuilleton — au profit du fait divers. Quelques mois plus tard, il devait, lui aussi, changer d'avis, devant les réclamations des lecteurs, et s'engager dans la publication régulière de romans-feuilletons.

La technique de publication des romans-feuilletons est uniforme dans toute la presse de l'époque. Elle est remarquable d'abord par sa *régularité* : tous les jours paraissent un, puis deux et souvent trois romans-feuilletons à partir de la fin des années 80. Dans les grands journaux populaires, la longueur (de trois à six mois), les genres, et les auteurs (qui sont souvent liés par des contrats) de ces romans-feuilletons sont d'une grande stabilité. Ces romans-feuilletons sont entourés d'un paratexte très systématiquement ordonné : annonces publicitaires une semaine ou deux à l'avance, déployant chaque jour dans une rhétorique très codifiée, où le rire s'allie aux larmes, l'aventure à l'amour, le réalisme à l'imagination, la louange du roman à venir, toujours l'œuvre la plus poignante et la plus réussie d'un des maîtres du roman. Ces annonces, pour lesquelles sont utilisées toutes les ressources de la typographie, sont accompagnées de dessins, reproductions réduites, souvent, des affiches de lancement du roman signées des plus grands maîtres de l'affiche (Chéret, Caran d'Ache, Steinlen, Poulbot, Cappiello, Géo Dorival, Starace...). On est entré dans l'ère moderne de la publicité, et le roman-feuilleton est offert comme tout autre objet de consommation, comme appât et leurre du désir.

La publicité ne se limite pas du reste au journal. Selon les méthodes déjà utilisées par *Le Petit Journal* dans les années 60, alors généralisées, on distribue partout, dans les rues des villes et dans les villages, aux portes des usines et des ateliers, dans les gares et chez les commerçants, à domicile même, des fascicules illustrés avec le début du roman. Des affiches de toutes tailles (certaines atteignent 3 m de haut) aux couleurs crues et au style expressionniste couvrent les murailles, les voitures publicitaires et le dos des hommes-sandwiches. Pour retenir le lecteur, on organise des concours : il s'agit parfois de retrouver des mots manquants au cours du roman, ou encore de deviner la fin du feuilleton. En 1903, *Le Matin* publie *Le chercheur de trésors*, de G. Leroux (qui devient en librairie *La double vie de Théophraste Longuet*) : le roman lui-même donnait des indications permettant de retrouver un trésor caché à Paris...

Dans cette production massive de romans-feuilletons, on peut distinguer deux périodes ; la première, de 1875 à 1900, est complètement dominée par le roman à tendance sentimentale, roman centré sur la victime, d'où est totalement absente la figure du héros. A partir de 1900 au contraire, on voit ressurgir, dans différents genres qui prennent ou reprennent de l'ampleur (fantastique, science-fiction, policier, roman historique), des figures héroïques, dans le bien ou dans le mal.

II. — Le roman-feuilleton de 1875 à 1900

1. **Les quatre Grands.** — Quatre noms dominent cette période et représentent les tendances principales du roman-feuilleton de cette époque : *Xavier de Montépin, Jules Mary, Emile Richebourg, Pierre Decourcelle* — et, un peu à l'écart, deux autres : *Georges Ohnet* et *Charles Mérouvel*.

Xavier de Montépin (1824-1902). — Aristocrate, grand propriétaire terrien, neveu d'un pair de France, X. de Montépin vint au roman avec une première œuvre, écrite en collaboration avec le marquis de Foudras, et publiée en 1847, *Les chevaliers du lansquenet*. Il collabora en 1848 à plusieurs petits journaux royalistes. Sous l'Empire, sa carrière de feuilletoniste, bien remplie, fut sans éclat. *Les viveurs de Paris* (1852-1856), *La marque rouge* (1858), *Le parc aux biches* (1862), parmi d'autres œuvres, furent éclipsées par les succès plus retentissants de Ponson du Terrail, Féval ou Gaboriau.

C'est à partir des années 70 surtout qu'il est connu, et sa fortune se lie à celle des journaux populaires, en particulier du *Petit Journal* dont il est un grand fournisseur, tout en publiant également dans d'autres journaux tels que *Le Figaro* ou *L'Echo de Paris* : *Les tragédies de Paris* (*Le Figaro*, 1874-1875), *Le fiacre n° 13* (*Le Petit Journal*, 1880), *Le crime d'Asnières* (*L'Echo de Paris,* 1884-1885), *La policière* (1890), *La Mayeux* (1892-1893), *La mendiante de Saint-Sulpice* (1895), *La chanteuse des rues* (1902), scandent une carrière fort remplie de succès toujours renouvelés : 200 romans, ou pièces de théâtre adaptées de ses romans, en trente ans. Son succès le plus éclatant fut sans conteste *La porteuse de pain*, dont le titre est encore disponible dans le livre de poche. Le succès du roman aussi bien que de son adaptation théâtrale (Ambigu, 1884) fut énorme.

Injustement condamnée et emprisonnée pour un crime qu'elle n'a pas commis (le meurtre de son patron, l'ingénieur Labroue, et l'incendie de son usine), Jeanne Fortier devient folle, tandis que le vrai coupable, le contremaître Jacques Garaud, fait fortune en Amérique, où il s'est enfui, grâce aux plans volés à l'ingénieur Labroue. Vingt ans plus tard, Jeanne retrouve la raison fortuitement et part à la recherche de ses deux enfants, Georges et Lucie. A Paris, où elle a perdu leurs traces, elle prend l'identité de Maman Lison, porteuse de pain, pour les retrouver. Elle y sera affrontée à Jacques Garaud, revenu en France sous le faux nom de Paul Harmant, qui essaiera en vain de la tuer ; avec l'aide de Georges et de Lucien Labroue, le fils de l'ingénieur assassiné, qui ignorent tous deux sa véritable identité, Jeanne finira par confondre Jacques Garaud et par faire éclater sa propre innocence. Garaud alors se suicidera, tandis que Lucie Fortier, retrouvée, peut épouser Lucien Labroue qu'elle aime. Quant à Georges, il est en passe de devenir un avocat célèbre. « Dieu est bon »...

Montépin, qui écrivit tout d'abord des romans mondains, de tonalité pessimiste, se déroulant dans un milieu interlope d'aristocrates corrompus, de courtisanes et d'aventuriers (voir *Les drames de l'adultère*, 1874-1875), se tourna de plus en plus par la suite vers la peinture des milieux populaires et bourgeois, entremêlant à des motifs de roman policier (l'erreur judiciaire, la contre-enquête) des éléments de mélodrame (l'innocence injustement persécutée, la mère séparée de ses enfants, emprisonnée, devenue folle), le tout dans un style qui unit curieusement à une sécheresse parfois brutale une rhétorique emphatique et larmoyante. Le conservatisme social de ces romans — où crime et vertu trouvent finalement leur juste rétribution — est grand, et cependant la tonalité en reste souvent sombre. Dans la peinture de l'homme livré à ses instincts et proie de ses passions se fait sentir l'influence du naturalisme. Cette influence est encore plus nette cependant chez un autre grand romancier populaire des années 1880-1900 : *Jules Mary*.

Jules Mary (1851-1922). — Né en 1851 dans les Ardennes d'un père bonnetier, Jules Mary, après des études au petit séminaire de Charleville et un court intermède guerrier (il se fit franc-tireur pendant la guerre de 70), s'en vint à Paris avec 30 F en poche, et faillit tout d'abord y périr de misère. Après plusieurs années d'effort, il entre enfin comme chroniqueur parlementaire au *Petit Moniteur* en 1875, et publie ses premiers romans-feuilletons dans *Le Siècle* et *Le Petit Moniteur*. Quelques années plus tard, il conclut un contrat avec *Le Petit Parisien*, où ses romans sont appréciés. Mais son premier grand succès est *Le docteur Rouge* (1883), bientôt dépassé par *Roger la Honte* (*Le Petit Journal*, 1886-1887), qui fut au théâtre l'un des plus gros succès de l'Ambigu

(1887), et sera adapté, par la suite, plusieurs fois au cinéma.

Du *Petit Parisien*, J. Mary était passé au *Petit Journal*, auquel il donna, à partir de 1885, un roman par an, tout en continuant à publier dans des journaux comme *Le Temps*, *Le XIXe Siècle*, *Le Figaro*, *L'Intransigeant*, *L'Illustration*, des romans plus courts (*Les pigeonnes, Je t'aime*), réputés plus « littéraires ». Dès la fin des années 90, il publie de nouveau régulièrement dans *Le Petit Parisien*. *La pocharde*, en 1897-1898, y obtient un succès éclatant que confirme encore la version théâtrale (l'Ambigu, 1898) et qui sera prolongé par le cinéma.

En 1900, Jules Mary est l'un des auteurs les plus célèbres et les plus riches du temps. A partir de 1915, la fibre patriotique de Jules Mary, déjà perceptible dans nombre de ses précédents romans (*Le régiment*, *Le Petit Journal*, 1889-1890 ; *La fiancée de Lorraine*, *Le Petit Parisien*, 1903), se fait plus virulente : *L'amour dans les ruines*, *Elles n'oublient pas*, *Le soleil se lève*... C'est dans ces années également que Jules Mary s'intéresse au cinéma naissant. Il crée à la Société des Gens de Lettres une commission du cinéma qui élabore le statut du roman-cinéma.

Grand travailleur, Jules Mary a beaucoup produit, des romans en tous genres, qu'il a lui-même classés en « séries » : « romans militaires », « romans judiciaires et de police », « romans d'aventures et de drames », « les vaincus de la vie »..., et qui ont été constamment republiés par la librairie Tallandier jusqu'en 1939. Il était estimé pour la rigueur de ses plans, le soin qu'il apportait à sa documentation, le travail de son style, net et précis, aux phrases souvent incisives et nerveuses, et semble avoir trouvé une certaine reconnaissance dans les milieux littéraires. Sa carrière présente de grandes analogies avec celle d'un autre feuilletoniste populaire : Pierre Decourcelle.

Pierre Decourcelle (1856-1926). — L'origine familiale de Pierre Decourcelle est différente. Elevé dans le sérail (son père Adrien Decourcelle, et son grand-père, Adolphe Philippe, dit d'Ennery, étaient des mélodramaturges et vaudevillistes à succès), Pierre Decourcelle n'eut pas les débuts difficiles de Jules Mary. Brillant élève du lycée Henri-IV, il travailla d'abord dans une banque. Mais il fit bientôt jouer des vaudevilles, entra au *Gil Blas* en 1881, rédigea des chroniques de théâtre (qu'il signait Choufleury) au *Gaulois* à partir de 1884.

C'est au *Gaulois* qu'il publia en 1886 son premier roman, *Le chapeau gris*, avant d'entrer, avec un brillant traité, au *Petit Parisien*, en 1889. Son roman *Fanfan* (rebaptisé par la suite *Les deux gosses*) y eut un grand succès, et, dès 1891, Decourcelle est un des auteurs les plus célèbres, avec des titres tels que *Le crime d'une sainte* (*Le Petit Parisien*, 1889-1890), *Le curé du Moulin-Rouge* (*Le Journal*, 1903), *Les ouvrières de Paris* (*Le Matin*, 1904), *Fille d'Alsace* (*Le Petit Journal*, 1908-1909). Il toucha à tous les genres, du roman du martyr féminin au roman patriotique et revanchard, et eut, comme Montépin (et bien d'autres), de nombreux nègres, dont Saint-Pol-Roux et Paul Bosq. Comme Jules Mary, il s'intéressa au cinéma naissant et fut directeur artistique de la SCAGL (Société cinématographique des Auteurs et Gens de Lettres) fondée par Pathé en 1908.

L'auteur le plus populaire de la période, cependant, est sans doute Emile Richebourg.

Emile Richebourg (1833-1898). « Avant Richebourg, écrit Fernand-Hue dans un article du *Courrier artistique et littéraire* (octobre 1892), bon nombre de romanciers ont acquis une réputation quasi universelle : Alexandre Dumas, Eugène Sue, Balzac, Paul Féval, Elie Berthet, Ponson du Terrail et tant d'autres ont passionné plusieurs générations de lecteurs ; mais leurs œuvres n'ont pas pénétré, comme celle de Richebourg, dans le public populaire, dans les masses, qui lisaient peu jadis, d'abord parce que le peuple savait moins lire, ensuite parce qu'on n'avait pas encore inventé le journal à *un sou*, et c'est Richebourg qui a fait la fortune du journal à un sou : au lecteur nouveau créé par la presse à bon marché, il a su donner le roman qui lui convenait ; on peut même affirmer qu'il a puissamment contribué à créer cette nouvelle couche de lecteurs. »

Comme Montépin, Richebourg fit sous l'Empire des débuts littéraires peu remarqués, ne dut sa fortune qu'à l'essor de la presse à un sou, et mourut avant l'essor du cinéma. Mais, par l'origine sociale, il est plus proche de Jules Mary. Fils, comme lui, d'un artisan sans fortune, il fit des études sommaires, et eut à Paris des débuts difficiles. Il écrivit d'abord des chansons, des poèmes, des romances sentimentales, et quelques pièces de théâtre qui passèrent inaperçues, ainsi qu'une dizaine de romans entre 1858 et 1875. Mais le véritable succès lui vint seulement avec la publication, en 1875, de *L'enfant du faubourg*, dans *Le Petit Journal*.

De passage dans le village de Rebay, la marquise de Presle se trouve inopinément confrontée à une femme folle et amnésique qui se prétend la marquise de Presle. En fait la folle est Léontine Landais, une ancienne victime du marquis de Presle, qui l'a abusée par un faux mariage pour ensuite l'abandonner en lui volant son enfant. L'enfant abandonné a été recueilli d'abord par l'ingénieur Henri Descharmes, qui l'avait confié à une femme du peuple, Pauline Langlois ; mais, à la suite d'une épidémie de choléra où Pauline passe pour morte, l'enfant est recueilli et élevé par des ouvriers du faubourg. Quant à la propre fille de Pauline, Claire, envoyée à l'assistance publique, elle trouve refuge à Rebay où la folle s'attache à elle. Henri Descharmes entre-temps a épousé la propre sœur de Léontine, Angèle, qui ignore ce qu'est devenue

Léontine. Tandis que la marquise de Presle essaie de faire soigner Léontine Landais, et que le marquis essaie de l'éliminer pour cacher ses crimes passés, André, l'enfant du faubourg, retrouve celle qu'il croit sa sœur, Claire, et tous deux éprouvent bientôt l'un pour l'autre un amour tragique, car ils le croient incestueux. Cependant Angèle, sur les traces elle aussi de sa sœur, et ayant appris la trahison passée du marquis de Presle, décide par vengeance de rendre le marquis de Presle fou d'amour pour elle. Elle y réussit et, après maintes péripéties, les bons sont récompensés et les méchants punis : Pauline Langlois retrouve sa fille Claire, Henri Descharmes retrouve en André son fils adoptif — qui se trouve être le fils de Léontine, laquelle recouvre la raison en retrouvant son fils et sa sœur, tandis que le marquis de Presle, juste retour des choses, devient incurablement fou.

L'enfant du faubourg fut suivi de nombreux autres romans, dont le succès, en journal comme en librairie (Richebourg les regroupa sous le titre *Les drames de la vie*), fut constant : *La petite mionne* (*Le Petit Journal*, 1883-1884), *Les deux mères*, *Jean-Loup* (*Le Petit Journal*, 1882), *Les millions de M. Joramie* (*ibid.*, 1885), etc. *Les deux berceaux* (1878) sauvèrent le journal de Gambetta, *La Petite République française*, qui menaçait de périr faute de lecteurs.

Les romans de Richebourg sont pleins de femmes adultères repenties, de patrons généreux qui aident leurs employés à faire fortune, d'enfants trouvés dont la noble nature trahit la noble origine ; ils respirent un paternalisme sentimental et bon enfant, très conservateur socialement et très optimiste. L'intrigue est en général bien charpentée dramatiquement. Dans l'art des dialogues et de la mise en scène, comme dans le style aisé, coulant, on sent souvent l'influence de Dumas.

Un peu en arrière de ces quatre gloires du roman-feuilleton populaire, se situent deux auteurs qu'il faut néanmoins citer car leur popularité fut grande : il s'agit de Charles Mérouvel et de Georges Ohnet.

Charles Mérouvel (1832-1920). — Charles Mérouvel (pseudonyme de Charles Chartier), avocat et propriétaire terrien, est venu assez tard à la littérature,
à 42 ans. Ses romans paraissent dans *La Petite
République française* tout d'abord, puis dans *Le
Petit Parisien*, avec lequel il signe un contrat avanta-
geux. Ils obtiennent un succès considérable, sont traduits et édités dans des collections populaires (chez
Dentu, puis Fayard) sous des titres de séries allé-
chants : « Les crimes de l'amour », « Les crimes de
l'argent », « Les vices du jour ». Son roman le plus
connu est sans nul doute *Chaste et flétrie* (1889, *Le
Petit Parisien*), dont le succès fut immense — c'est
par une réédition de ce titre que Fayard inaugura sa
collection du « livre populaire à 65 centimes ».

L'action se déroule en 1869. En Franche-Comté, le marquis de
Chazey, épris d'une passion violente pour une jeune paysanne,
Jeanne Jousset, qui le repousse, la viole. Il épouse ensuite la
belle et angélique Gabrielle de Montrevers, et Jeanne, qui ne peut
prouver son innocence, est rejetée par les siens. Elle accouche
d'une fille, et s'exile à Paris pour tenter de gagner sa vie. Son
fiancé Pierre Morand, la croyant coupable, l'abandonne et s'engage
dans l'armée. Jeanne se décide à épouser le fils du banquier
Descombes, qu'elle avait jadis repoussé, pour assurer l'existence
de son enfant. Mais le marquis de Chazey, toujours amoureux,
veut épouser Jeanne. Il fait assassiner Descombes le jour même
de ses noces, empoisonne sa propre femme Gabrielle, tente de tuer
le médecin qui a surpris son crime, et, enfin, enlève sa fille pour
faire pression sur Jeanne. Celle-ci accepte le mariage. Mais
arrive la guerre de 70. Chazey se conduit en héros, rachetant
ainsi ses fautes, puis, condamné par ses victimes, se jette dans le
Doubs. Jeanne épouse enfin Pierre Morand, et consacre les
millions de son premier mari à des œuvres de charité.

Les œuvres de Mérouvel se déroulent essentiellement dans la haute société (*Les drames de l'amour,
La veuve aux cent millions, Confession d'un gentil-
homme, Le roi Crésus, Le roi Milliard, Le péché de*

la Générale...). On y trouve comme un parfum de cette décadence qu'il stigmatise d'ailleurs vigoureusement : les scènes de viol qu'il déplore avec hypocrisie et décrit avec délectation y abondent, le voyeurisme du lecteur est constamment sollicité, les romans sont empreints d'une tonalité érotique qui se retrouve dans de nombreux feuilletons fin de siècle, mais qui, parmi les auteurs les plus populaires, est propre à Mérouvel. De plus, l'œuvre est, plus que la plupart des romans-feuilletons de l'époque, focalisée sur le conflit amoureux, les luttes de la passion, ce qui annonce déjà l'œuvre d'un *Delly* ou d'un *Maxime Villemer*, ce qui la rapproche aussi d'une œuvre contemporaine, celle de *Georges Ohnet*.

Georges Ohnet (1847-1918). — Georges Hénot, dit Ohnet, fils d'architecte, nanti d'une fortune considérable, fit d'abord du journalisme politique, puis attira l'attention sur lui par la publication d'un roman, *Serge Panine* en 1880, chez l'éditeur populaire Ollendorff. Le roman, et la pièce qui en fut tirée deux ans plus tard, eurent un grand succès. G. Ohnet publia par la suite la plupart de ses œuvres (*Le maître de forges, Lise Fleuron, La grande marnière...*) dans *Le Figaro*, qui n'est pas un journal populaire, mais elles furent adaptées au théâtre avec succès, et eurent, en collections populaires, de très gros tirages. *Le maître de forges*, par exemple, qui parut en 1882 dans *Le Figaro*, fut adapté au théâtre et joué plus de 600 fois en 1883-1884 à Paris et en province, fut réédité quelque 250 fois en quelques années, et devint très vite l'un des classiques de la littérature populaire.

Claire de Beaulieu, jeune aristocrate pleine de morgue nobiliaire, est délaissée par son cousin et fiancé, le duc de Bligny, qui lui préfère les millions de la jeune Athénaïs, fille d'un bourgeois fortuné et ridicule. Par dépit, Claire épouse aussitôt le maître de forges Philippe Derblay, beau et généreux héros, passionnément épris d'elle, qui, parvenu à la richesse par le travail et la capacité, est devenu la providence du pays. Mais, le soir des noces, Claire, qui dédaigne son mari, se refuse à lui. Philippe Derblay entreprend de reconquérir sa femme par un dédain courtois et une froideur calculée. Claire se prend peu à peu de regret en reconnaissant toutes les vertus de son mari, et souffre de la distance qu'il garde envers elle. La crise est précipitée par le retour du duc de Bligny et de sa femme. Claire repousse les avances de Bligny, et souffre de la coquetterie d'Athénaïs envers Philippe, au point de provoquer un scandale. Philippe, pour défendre l'honneur de sa femme, se bat en duel avec Bligny. Mais Claire, affolée, met sa main devant le pistolet qui menace son mari. Blessée, elle échange enfin, avec son mari, le premier baiser d'amour.

L'œuvre de Georges Ohnet célèbre presque exclusivement les vertus de la bourgeoisie et son triomphe sur une aristocratie qui ne peut que se rallier pour survivre. Le peuple en est pratiquement absent. Par ailleurs, ses romans représentent, dans la littérature feuilletonesque et populaire, un courant plus psychologique que social (on a pu le surnommer « le Paul Bourget du pauvre »). Construits avec une rigueur dramatique, ils sont centrés sur les jeux du désir et du pouvoir entre quelques personnages types, l'affrontement entre l'homme et la femme, et dans un symbolisme secondaire, la schématisation du conflit de classes : modèle très moderne que l'on retrouvera chez Delly et dans le roman sentimental contemporain.

2. Les principaux genres

A) *Le roman social ou de mœurs contemporaines.* — C'est là le genre dominant, celui que pratiquent en série tous les auteurs précédemment nommés — et bien d'autres parmi lesquels *Pierre Sales* (1854-1914), qui publie aussi des romans judiciaires et historiques, *Georges (Joséphine) Maldague*, *Jules de Gastyne*, *Henri de Fonbrune*. C'est celui qui, entre tous, a reçu le nom de roman populaire. C'est peut-être d'ailleurs sous la IIIe République que le roman populaire mérite le mieux son nom : de nouvelles franges populaires accèdent à la lecture du journal et, progressivement, à la vie politique. D'autre part, et de ce fait, la représentation romanesque du peuple se fait plus massive et se modifie : le peuple ouvrier, et plus seulement la pègre, occupe la scène du roman. Ce peuple, lieu originel de la légitimité républicaine, il s'agit désormais en effet de l'intégrer dans le tableau idéal d'une société républicaine sans barrières de classe, mais sous le contrôle cependant des élites bourgeoises : le peuple aura donc une double image, criminel s'il cherche à s'élever seul (sans « patron » bourgeois) et trop vite, vertueux, héroïque si, comme la porteuse de pain, il souffre avec patience une vie de malheur immérité — dont la récompense sera l'ascension sociale de la génération suivante. Aussi ce roman populaire mérite-t-il tout autant le nom de bourgeois qu'on lui a également donné.

Ce type de roman fait appel essentiellement à la pitié, à l'attendrissement aussi a t on pu l'appeler « sentimental ». Le roman, en effet, n'est plus centré sur le héros qui mène l'action, mais sur la victime, qui la subit : il s'agit le plus souvent d'une femme, et presque toujours d'une mère.

Fille séduite, trompée ou violée (et dans ce cas, toujours mère : la fille-mère, essentiellement féconde, tend à remplacer la courtisane stérile des romans antérieurs), ou femme adultère, exclue du foyer familial, l'héroïne paie sa faute d'un long martyre avant d'être réhabilitée ou pardonnée et de retrouver son foyer. Plus souvent encore, l'héroïne, accusée à tort, est condamnée, emprisonnée, et/ou devient folle (voir *La porteuse de pain*, *L'enfant du faubourg*) ; elle est de plus séparée de ses enfants. Le roman compatit avec les souffrances et les épreuves qu'elle subit de longues années avant de retrouver ses enfants et d'être réhabilitée.

Les titres du *Petit Parisien* et du *Petit Journal* témoignent du retour obsessionnel de ces motifs romanesques, dans les combinaisons les plus diverses. On a ainsi, évoquant la faute, le péché, ou le crime : *La faute d'un jour* (Fernand-Hue, *Le Petit Parisien*, 1895), *L'enfant du péché* (P. Sales, *Le Petit Parisien*, 1896), etc., tandis qu'une autre série de titres évoque avec insistance la filiation, essentiellement maternelle : *L'enfant du faubourg* (E. Richebourg, *Le Petit Journal*, 1875), *Le fils* (E. Richebourg, *Le Petit Journal*, 1879), *La fille de Marguerite* (X. de Montépin, *Le Petit Journal*, 1881-1882).

Il en résulte un roman très proche du mélodrame (né lui aussi aux débuts d'une République) — avec les mêmes poncifs : la mère-martyre, emprisonnée, rendue folle, condamnée au silence ; les mêmes ressorts de l'intrigue : persécution, réhabilitation, le même appel à la pitié du lecteur — le tout, cependant, dans un décor social beaucoup moins abstrait que celui du mélodrame.

La représentation des milieux sociaux qui forment le cadre de ces aventures témoigne d'une mutation significative des valeurs et de l'idéologie.

Le *peuple* n'est plus l'exclu, le maudit, l'exotique. Certes, la pègre existe toujours, il y a toujours des bandits et de mauvais ouvriers. Mais souvent l'on sympathise avec le « petit peuple », petits employés, commerçants, artisans, domestiques, ouvriers, petits paysans, mis en scène dans leurs activités quotidiennes et leurs conditions de vie, dans un style souvent pathétique. *Le bourgeois*, d'autre part, n'est plus, et de loin, le personnage automatiquement ridicule ou secondaire des romans-feuilletons romantiques. Sa promotion, en cours depuis le Second Empire, est achevée. Il est partout. La plupart des personnages du roman, de fait, appartiennent à la bourgeoisie. Ils travaillent, dans l'industrie souvent (ingénieur, petit patron), mais aussi dans les professions libérales ou artistiques (le bourgeois et l'artiste ne sont plus opposés, grande mutation), politiques ou financières. Bourgeois et nobles jouent le même rôle dans le roman et partagent les mêmes valeurs. La *noblesse* en effet n'est plus le contre-modèle héroïque qu'elle fut longtemps dans le roman-feuilleton. Positive, elle se confond avec la haute bourgeoisie, dont elle partage les valeurs. Mais il y a aussi des nobles négatifs, dépravés et débauchés, partisans de l'Ancien Régime, qui cherchent à dévoyer les filles du peuple.

Le roman-feuilleton témoigne par ailleurs d'un grand optimisme idéologique. Le *travail* est la valeur universelle qui opère idéalement l'union des classes : il permet l'ascension sociale et justifie la domination sociale. Il assure aussi l'intégration de la noblesse à la bourgeoisie. Le *mariage* entre classes sociales différentes (peuple et bourgeoisie, noblesse et bourgeoisie, voire peuple et noblesse) est possible, même si cela ne va pas toujours sans heurts ou mésaventures. Par ailleurs, plus d'un enfant perdu, élevé dans le sein du peuple, retrouvera sa classe d'origine (noblesse ou bourgeoisie) sans le moindre problème d'adaptation.

Travail, famille, patrie, sont les trois valeurs clés exaltées par ce roman. Le roman-feuilleton populaire est en effet souvent patriote. Le soldat, le militaire, l'armée, à quelques rares exceptions près, y sont toujours honorés. La guerre de 1870 produira, sur le mode compensatoire, bien des romans à tonalité patriote et revancharde (ainsi les romans de Jules Mary déjà cités ou ceux de Paul Bertnay parmi d'autres), et le développement du nationalisme à partir de 1905 et surtout après 1912 fait sentir ses effets dans de nombreux romans-feuilletons.

Une autre constante idéologique du roman-feuilleton sous la IIIe République est son anticléricalisme — ou son catholicisme — militant. Sue avait lancé le mouvement avec *Le juif errant*. Mais les catholiques n'avaient pas tardé à riposter en fondant périodiques et éditions destinés à diffuser la bonne parole. Ceux-ci se développèrent particulièrement sous le Second Empire et surtout sous la IIIe République, avec des périodiques tels que *L'Ouvrier* (fondé en 1861), et *Les Veillées des Chaumières* (1877). Des romanciers comme Alexandre de Lamothe, Paul Verdun, Raoul de Navery, Zénaïde Fleuriot se spécialisent dans ce roman-feuilleton conservateur, dont le manichéisme et le ton de prêche se retrouvent également dans le feuilleton anticlérical militant, tel que l'ont écrit M. Morphy, L. Taxil, J. Boulabert, A. Bouvier, L. Gagneur, H. France, Matthey, par exemple, où les rôles sont inversés.

De façon générale, dans un contexte de liberté de la presse accrue, le roman social de la IIIe République est plus franchement politisé que sous l'Empire, même si cet engagement, dans les grands journaux populaires, reste prudent.

En cette période 1875-1900, c'est donc le roman sentimental/social qui tient le devant de la scène. D'autres genres cependant se maintiennent, sans grands changements, tels que le *roman policier, le roman historique* et le *roman exotique* ou *de science-fiction*.

B) *Le roman policier*. — On retrouve sous la IIIe République les deux genres qui commençaient à se développer sous l'Empire : le roman criminel, celui qui conte les exploits de bandes criminelles organisées, et leur combat contre la police, ou bien encore s'intéresse à la psychologie du criminel ; et le roman policier au sens restreint où nous l'entendons le plus souvent aujourd'hui, qui s'attache plutôt à la résolution de l'énigme. Ce sont là deux modèles, qui dans la réalité romanesque de l'époque ne sont pas toujours distincts. Par ailleurs, beaucoup de romans sociaux, basés sur l'erreur judiciaire, contiennent des éléments de roman policier, sans cependant appartenir véritablement au genre (le roman n'est pas centré sur l'enquête, mais sur les souffrances du personnage).

Xavier de Montépin, Jules Mary, Decourcelle publient quelques romans policiers. Mais le représentant le plus célèbre du genre, en cette période, est *Fortuné du Boisgobey* (1821-1891), qui fit paraître à partir de 1872 de très nombreux romans policiers dans les journaux les plus divers, donnant des suites à Gaboriau (*La vieillesse de M. Lecoq* (1878), *Le fils de M. Lecoq*, dans *Le Cri du Peuple* (1884), *Le crime de l'omnibus* (1882), *Le coup d'œil de M. Piédouche* (1883)). Il fit également paraître, en 1876, *Les mystères du nouveau Paris*, *La chambre rouge* (1887), *L'inconnue de Belleville* (1881).

Il faut citer également *Constant Guéroult* (1814-1882), le frère du saint-simonien Adolphe Guéroult, qui écrit des suites de Rocambole (*Le retour de Rocambole*, 1875-1876, dans *La Petite Presse*, *Les nouveaux exploits de Rocambole*, dans *La Petite Presse*, 1876-1877), des romans criminels parfois teintés d'humour (*La bande à Fifi Vollard*, 1876), et des romans « judiciaires » dont la plupart, néanmoins, ont paru avant 1875 ; et l'inépuisable *Elie Berthet* (1815-1891), qui, toujours à l'affût de la mode, publie à partir de 1875 de nombreux romans policiers : *L'assassin du précepteur* (1877), *Le crime de Pierrefitte* (1879).

Eugène Chavette enfin (pseudonyme d'Eugène Vachette, 1827-1902), journaliste et humoriste connu, qui fit paraître en 1866, dans *Le Soleil*, *L'affaire Lerouge* de Gaboriau, écrivit lui-même plusieurs romans policiers dont *La chambre du crime*, en 1875, qui pose le problème de la chambre close.

Le genre policier est donc assez bien représenté dans le feuilleton des années 1875-1900. Il faudra toutefois attendre les années 1900 pour assister à un véritable renouveau avec les romans de *Maurice Leblanc, Gustave Leroux*, et, dans l'édition populaire, mais en dehors du roman-feuilleton, la série des *Fantômas* d'Allain et Souvestre.

Il en est de même pour le roman historique, qui ne se renouvelle guère, en ces années 1875-1900.

C) *Le roman historique.* — Durant cette période, le roman historique se perpétue surtout, dans le feuilleton, par les republications et les imitations. *Dumas, Sue, Féval, Soulié, W. Scott, A. Achard*, entre autres, sont fréquemment republiés. Par ailleurs, certains auteurs prolongent la vie des héros populaires : *Paul Mahalin* (pseudonyme d'Emile Blondet) se spécialise dans les suites de Dumas : *D'Artagnan* (« grand roman historique remplissant la période de la vie du célèbre mousquetaire qui s'étend de la jeunesse des mousquetaires à *Vingt ans après* »), 1890, *Le filleul d'Aramis*, 1896, *Le fils de Porthos*, 1883, *La fin de Chicot,* 1898. *Jules Lermina* écrit *Le fils de Monte-Cristo* (1881), *Paul Féval fils* prolonge les aventures de Lagardère, et publie également un *D'Artagnan contre Cyrano. Paul Saunière* (1837-1894), feuilletoniste connu dès la fin des années 60, et l'un des derniers collaborateurs de Dumas, donna quelques romans-feuilletons historiques dans *Le Petit Journal* (*La petite marquise, Flamberge, La belle argentière)*, continuant, de même que *Charles Deslys* (1821-1885), le genre « cape et épée » qui avait fleuri sous le Second Empire. *Fortuné du Boisgobey* (1821-1891) donne quelques romans ayant pour cadre la Révolution française et l'époque napoléonienne (*Le demi-monde sous la Terreur, Les cachettes de Marie-Rose* (1880)), ainsi que *Henri Augu* et *A. Assollant* (1827-1886), tandis que *Jules Beaujoint* (1830-1893) — qui écrit parfois sous le pseudonyme de Jules de Grandpré — reprend dans ses romans historiques (pour la plupart édités chez Fayard, après leur parution en feuilletons) les grandes histoires populaires : *Les enfants du Père Duchêne* (1871), *Le capitaine Mandrin* (1885), *Les quatre sergents de La Rochelle* (1892).

Peu d'innovations dans le domaine historique donc. Par contre, l'espace étranger, avec les développements de la colonisation, et les nouveaux horizons ouverts au rêve par la vulgarisation de la science, prennent forme romanesque dans le feuilleton : avec le roman policier, mais un peu plus tard, le deuxième genre à se développer en cette fin de siècle est le roman d'aventures exotiques et de science-fiction.

D) *Le roman exotique et le roman de science-fiction.* — Le roman exotique et le roman de science-fiction ont en commun de se développer à peu près en même temps, sous la IIIe République, d'être souvent pratiqués ensemble par les mêmes auteurs, et d'être un peu marginaux dans la production romanesque et feuilletonesque de l'époque ; en effet, ces romans furent souvent, à l'instar de ceux de Jules Verne, parqués dans le ghetto des « romans pour la jeunesse » ou des revues « spécialisées » (de voyages, de vulgarisation scientifique).

Le roman d'aventures exotiques se développe surtout entre 1875 et 1900, avec des auteurs comme *G. Aimard*, célèbre depuis l'Empire, mais qui produit encore sans désemparer dans les premières années de la IIIe République (*Les bandits de l'Arizona*, 1882),

Louis Noir et *A. Assollant*, qui continuent eux aussi à conduire leurs héros d'Afrique en Asie, et d'Europe en Amérique, *Jules Verne*, qui se publie toujours avec le même succès et sert de modèle pour les nouveaux venus comme l'avaient fait en leur temps et dans leur genre Balzac, Sue et Dumas.

Louis Boussenard (1847-1910), ainsi, publia maints romans d'aventures, pour la plupart dans *Le Journal des Voyages* : *Le tour du monde d'un gamin de Paris* (1880 et 1883-1886), *Les robinsons de la Guyane* (1882), *L'enfer des glaces* (1902)... *Paul d'Ivoi*, pseudonyme de Charles Deleutre (1856-1915), écrivit pour sa part des *Voyages excentriques* — nouvelle version des *Voyages extraordinaires* — et obtint un très grand succès avec *Les cinq sous de Lavarède*, publié en 1894.

Le roman de science-fiction, lui, ne se verra pas consacré dans la presse populaire avant les années 1900. Toutefois, il est déjà pratiqué dans le dernier quart du siècle, dans la double direction du roman préhistorique (Elie Berthet, *Romans préhistoriques*, 1876, J. H. Rosny aîné (pseudonyme de J. H. Boëx, 1856-1940), *Eyrimah*, 1896), et du roman d'anticipation scientifique et technique (L. Boussenard, *Les secrets de M. Synthèse*, 1888-1889, J. Lermina, *Le secret des Zippelins*, 1892, J. H. Rosny aîné, *Les Xipéhuz*, 1888 — une anticipation projetée dans le passé —, le capitaine Danrit (pseudonyme du capitaine E. A. Driant, 1855-1916), *La guerre de demain*, 1889, *L'invasion noire,* 1895).

Cependant que le roman se développe ainsi dans les journaux, dans ses diverses directions, sa place dans le mouvement littéraire change, le divorce s'accentuant sensiblement, en cette fin de siècle, entre les « avant-gardes » culturelles et le « grand public » (c'est précisément en cette période que commence à se figer en opposition ce couple de notions).

3. Le roman-feuilleton dans le mouvement littéraire. — Le journal en cette fin de siècle est plus que jamais le mode privilégié de publication, celui qui procure le plus d'argent, et qui, le plus souvent, facilite ensuite l'édition. Aussi tous les auteurs s'en servent-ils, quitte à le critiquer : tous les romans de Zola ont paru en feuilletons, ceux d'Ernest Daudet aussi, qui, pourtant, avait voulu avec *L'Evénement*, en 1866, fonder un journal sans roman-feuilleton. Romanciers naturalistes, ou ceux qui en sont proches (Vallès, Maupassant, J. Claretie), comme romanciers de l'école psychologique et leurs satellites (Bourget, Barrès, Loti), publient dans le journal et la revue. *Là-bas*, de Huysmans, parut dans *L'Echo de Paris*. Mais la facilité plus grande de fonder revues et journaux conduit à une diversification de la palette journalistique et à une différenciation des publics. De journaux populaires comme *Le Petit Parisien* ou *Le Matin*, en passant par des journaux plus « littéraires » comme le *Gil Blas* ou *Le Gaulois*, jusqu'à des revues limitées à des cercles littéraires, comme *La Revue Blanche*, où écrivent Mirbeau, Péguy, Proust, Blum, ou le symboliste *Mercure de France* (fondé en 1890), l'éventail est large et le public nettement différencié. Ceux des écrivains qui publient principalement ou uniquement dans des revues à diffusion limitée manifestent souvent par là une volonté élitiste de retrait par rapport au public, qui s'exprime en général aussi sous la forme du refus du roman : refus du monde moderne, refus de la société bourgeoise et de son idéologie, refus du roman, vont de pair. Ce refus du roman toutefois n'est souvent que le refus d'une certaine forme de roman, le roman réaliste, ses préceptes et ses contraintes narratives et descriptives. On ne renonce pas toujours, pour autant, à écrire des

97

romans contre le roman (les symbolistes, par exemple, en ont écrit beaucoup), avatar d'une contestation de la forme romanesque aussi vieille que le roman lui-même. Dans l'esthétique symboliste toutefois, la poésie est au sommet de la hiérarchie des genres, et, s'il faut absolument se servir de la prose, on préférera la forme courte, *le conte*, par exemple. Dès 1875, le supplément hebdomadaire du *Figaro* publiait des contes et, dans les années 80-90, tous les journaux s'y mirent, y compris les grands journaux populaires, qui offraient ainsi à leur public, en sus du roman-feuilleton, une nourriture littéraire réputée plus raffinée. Maupassant publia tous ses contes dans les journaux, ainsi que Catulle Mendès, Mirbeau, Banville, Arène, Maizeroy et bien d'autres.

Le roman est donc — ainsi le veulent les célèbres enquêtes, en 1890 et 1891, de Charles Le Goffic et Jules Huret — *un domaine en crise* : d'une part une prolifération de romans-feuilletons écrits pour un public de plus en plus large, mais qui sont méprisés et rejetés de ceux qui se veulent l'élite et l'avant-garde culturelles, d'autre part des œuvres lisibles seulement par un très petit cercle d'initiés, écrites par une avant-garde qui rejette en bloc la forme romanesque ou ne l'utilise que pour la subvertir (c'est l'attitude de la plupart des symbolistes et décadentistes, et de leurs héritiers, comme Gide à ses débuts, Valéry ou Jarry). Ce mouvement de séparation entre une littérature pour le grand public (prenant le plus volontiers la forme du roman) et une littérature d'avant-garde, rejetant ou contestant le roman, trouve sa pleine expression dans ce dernier quart du siècle. Phénomène moderne, sans doute inévitablement lié à la production de masse, mais aussi phénomène limité dans le temps, lié à l'attitude de désengagement politique et social qui caractérise l'école symboliste, en réaction contre le poids de l'idéologie bourgeoise triomphante. Cette crise du roman est encore amplifiée par la critique, qui parle à l'envi de la décadence de l'art contemporain, de la faillite du naturalisme (qui est précisément en train de conquérir le grand public : 50 000 exemplaires de *L'argent* vendus en quelques jours en 1891), voire de la « fin » du roman, négligeant complètement l'énorme masse romanesque diffusée par les journaux, ou ne s'en occupant que pour la dénigrer au nom de l'art et de la morale. Seuls quelques critiques républicains, souvent feuilletonistes eux-mêmes, tel Lermina, défendent le roman-feuilleton comme initiateur à la lecture (du peuple, de l'enfant), tandis que la critique universitaire (Lemaître) consent parfois à y voir un document sociologique.

III. — Le roman-feuilleton de 1900 à 1914

Dès les dernières années du XIXe siècle, le mythe républicain de l'union des classes commence à se défaire. Le consensus démocratique révèle son caractère fictif et la contestation reprend tous ses droits, l'esprit de révolte tout son prestige : grèves ouvrières, attentats anarchistes, affaire Dreyfus...

Positivisme et naturalisme par ailleurs sont en recul. Le symbolisme entraîne un renouveau des mythes, appelle à un redéploiement des fantasmes qui ouvre la voie au surgissement de nouveaux héros. Les certitudes de la science et de la morale vacillent. Nietzschéisme mondain et culte de l'énergie d'une part, retour en force du spiritisme, de l'hypnotisme, philosophies de l'inconscient d'autre part : la toute fin du siècle, et surtout le début du XXe siècle, sont favorables à de nouveaux délires que hante parfois le fantôme romantique. Maurice Leblanc, Gaston Leroux, Gustave Lerouge, Zévaco donnent le jour à des héros surhumains, au-delà du bien et du mal, en des œuvres fantaisistes, fantastiques ou frénétiques, qui attireront l'attention des surréalistes.

Cette production, cependant, reste minoritaire. Le roman social à tendance sentimentale reste toujours dominant, et ne se modifie guère, même si l'on observe là aussi une tendance au retour vers le héros actif. Mérouvel, Morphy, J. Mary, Decourcelle y restent toujours les maîtres. Mais bien d'autres les rejoignent en tête du hit-parade : A. Bernède, G. Spitzmüller, J. Brienne, G. Pradel. Le genre tend par ailleurs à se « féminiser », par ses *auteurs* : G. Maldague, Ely Montclerc, Paul d'Aigremont, René d'Anjou, M. Villemer, D. Lesueur, Delly, parmi d'autres, tous auteurs féminins, dont la masse n'est pas sans rappeler celle qui, un siècle plus tôt, dominait le roman sentimental et psychologique. Par ses *lecteurs* aussi : bien qu'on ait toujours traité le roman-feuilleton de « lecture pour femmes » (ce qui était une façon de le dévaloriser), il semble que ce topos ne corresponde à une certaine réalité qu'à partir des dernières années du XIXᵉ siècle et du début du XXᵉ siècle — et encore pour cette partie bien précise de la production feuilletonesque qu'est le roman sentimental. Aux côtés du roman sentimental, le roman d'aventures policières et criminelles, qui lui aussi se différencie lentement du tronc commun, deviendrait alors une lecture plus spécifiquement masculine. Cette diversification dans le public est en tout cas sensible, comme intention, dans la stratégie des éditeurs qui prennent le relais du roman-feuilleton : titres des collections et des séries tendent à stéréotyper et à opposer le « roman d'amour » au « roman policier ». On est encore loin cependant du phénomène actuel « Harlequin » et « Fleuve noir ».

1. **La persistance du roman sentimental.** — C'est à partir de 1900 que l'expression « roman sentimental » se répand dans les journaux et chez les critiques. Mérouvel, Jules Mary, Georges Pradel (Emmanuel-Georges Pradier, 1840-1908), M. Morphy, P. Decourcelle, G. Ohnet, P. Sales, occupent toujours le terrain. Richebourg meurt en 1898, Montépin en 1902, mais leurs œuvres, parfois republiées en feuilletons, connaissent, surtout, un franc succès dans les éditions populaires. La génération suivante n'apporte guère de changements à des modèles qui ont fait leur preuve : *Georges Spitzmüller*, qui débute par un roman primé dans un concours du *Petit Journal*, *Infâme !*, et, tout en continuant de publier des romans-feuilletons dans divers quotidiens, les adapte au théâtre, compose, aussi, des livrets d'opérette ; *Henry Quéroul*, dit *Kéroul* (1857-1921), peintre des milieux populaires (*Le petit muet*, 1906), *Jules de Gastyne* (pseudonyme de Jules Benoist, 1847-1920), *Jacques Brienne*, *Louis Letang*, *Ely Montclerc* (Marie Cornely, née Galy, 1862-1917), *Arthur Bernède* enfin (1871-1937), l'auteur du célèbre *Judex*, et du non moins célèbre *Belphégor*, qui publia 23 romans dans *Le Petit Parisien* entre 1910 et 1928, écrivit d'innombrables pièces, seul ou en collaboration avec Aristide Bruant, ainsi que des livrets d'opérette et d'opéra (beaucoup de ses romans, en particulier de ses premiers romans, sont à dominante socialo-sentimentale — *Les amours d'un petit soldat*, *Le Petit Parisien*, 1910, *La môme Printemps*, *ibid.*, 1911, *Cœur de Française*, *ibid.*, 1912). Bien d'autres encore dont les œuvres manifestent

en des alliages divers la combinaison du drame sentimental et de l'aventure sociale mélodramatique, parfois épique, toujours attendrissante. Lorsque le drame
sentimental l'emporte de beaucoup sur l'aventure
sociale, on glisse vers le « roman d'amour » qu'on
assimile trop souvent au roman sentimental, alors
qu'il n'en est qu'une spécification tardive.

C'est une tendance que l'on trouve déjà, par exemple, chez
Georges Maldague (1857-1938), qui publie, entre autres, entre 1884
et 1929 : *Le mal d'amour, L'invincible amour, Trahison d'amour,
Supplice d'amour, Vertige d'amour, Aimer et vivre,* et j'en passe...
Pierre Maël publie également avec succès nombre de ces œuvres
« fleur bleue » (*Cœur contre cœur, Rose d'Avril* (*Le Matin*, 1901),
Robinson et Robinsonne, Le crime et l'amour (*Le Matin*, 1903)).
Cette tendance se développera dans les années 20 et culminera
dans l'œuvre de *Delly* (pseudonyme de Frédéric, 1876-1949, et
sa sœur Marie, 1875-1947, Petitjean de La Rosière), toute centrée,
au-delà de la grande variété de ses mises en scène, sur l'affrontement sadomasochiste de l'homme et de la femme. Mais ce n'est qu'à
partir des années 30 que les éditions populaires publient vraiment des collections spécialisées (Tallandier, « Les beaux romans
d'amour », Ferenczi, « Le roman d'amour illustré » à partir
de 1932, « Notre cœur » à partir de 1927).

Cette évolution est solidaire d'une mutation de
l'image féminine, et de la représentation des rapports
amoureux et sociaux homme/femme. Des personnages de femmes « fortes » apparaissent, qui refusent
de céder à l'amour pour ne pas être dominées. L'amour
libre devient un choix social possible, quoique marginal. On peut être chanteuse ou comédienne et
garder sa vertu. Les stratégies de récupération sont
évidemment multiples, mais le changement est sensible. L'évocation directe de la sexualité, du plaisir
masculin et féminin, se fait plus fréquente, plus, il
est vrai, dans un quotidien comme *Le Journal*, qui se
veut ouvert à toutes les audaces modernes, que
dans *Le Petit Parisien* ou *Le Petit Journal*.

Ces mutations sont à mettre en relation avec le recul très net de la morale religieuse. Depuis la séparation de l'Eglise et de l'Etat (1905), l'anticléricalisme virulent est en recul mais l'indifférence proclamée à l'égard de la morale religieuse l'a remplacé, et quoique la mutation soit probablement en profondeur moins radicale qu'il n'y paraît, elle est figurée sans ambiguïté dans le roman-feuilleton.

Si le curé (ou le juif ou le franc-maçon, etc.) n'est plus l'ennemi absolu, c'est aussi que celui-ci s'est déplacé au-delà des frontières. Dès 1905 se développe un roman-feuilleton patriote et revanchard où l'armée, très idéalisée, apparaît comme une « grande famille », où le Méchant est toujours l'étranger, en général l'Allemand, présenté bien sûr de façon caricaturale, et dont les espaces de prédilection sont l'Alsace (peuplée de familles divisées) et les colonies où il s'agit de démontrer, sur un mode fictionnel dont la portée de compensation et même de conjuration ne peut échapper, la supériorité de la France comme puissance technologique (voir le roman d'anticipation du capitaine Danrit (Driant), *Au-dessus du continent noir*, *La Croix*, 1912), civilisatrice (la France n'exploite pas, elle apporte la civilisation), voire économique (voir Louis Letang, *Poudre d'or*, *Le Petit Journal*, 1912). Un personnage récurrent de ces romans est l'*espion* (à l'espion allemand, espion par nature et par essence, la France n'oppose, bien sûr, que des « contre-espions » occasionnels, élégants et *fair play*, sportifs en quelque sorte. Il faut bien se défendre). Mais c'est après la guerre seulement que le roman d'espionnage se développera comme genre à part. Cette poussée patriotique, sensible dès 1905, s'accentue à partir de 1912 (où la certitude de la guerre est inscrite en creux dans bien des romans).

Sazie (*Zigomar, Peau d'anguille, Le Matin*, 1912, *Bochemar, Le Journal*, 1916), *A. Bernède* (1871-1937) (*Cœur de Française, Le Petit Parisien*, 1912, *L'espionne de Guillaume, ibid.*, 1914-1915, *Chantecoq, ibid.*, 1916), *P. Decourcelle* (*La fiancée de Lorraine, Le Petit Parisien*, 1903, *Les marchands de Patrie, Le Journal*, 1916), *Bertnay* (*Le passeur de la Moselle, Le Petit Parisien*, 1906), *A. Bruant* (*Serrez vos rangs, Le Petit Parisien*, 1912), entre autres, ont attaché leurs noms à cette massive production.

Héros et héroïnes, en ce début de siècle, retrouvent la maîtrise de leur destin et la conduite de l'action — que ce soit dans le roman patriotique, dans le roman sentimental, dans le roman historique (Zévaco) ou, encore plus, dans le roman policier (Leroux, Leblanc).

2. **L'explosion du roman criminel-policier.** — Par roman policier, l'on entend couramment aujourd'hui un roman à énigme : une action criminelle, en général un meurtre, a été commise, un personnage, policier ou privé, enquête, le roman suit les méandres et péripéties de cette enquête jusqu'à la découverte finale du criminel. *Gaboriau* avait déjà eu dans ce genre un éclatant succès quelques dizaines d'années auparavant. Toutefois, et malgré une tendance à la codification, sous l'influence des traductions de Conan Doyle, dès 1902, et, dès 1907, de la diffusion des fascicules Eichler contant les aventures des détectives Nick Carter et Nat Pinkerton, le roman policier français est alors moins centré sur l'énigme que sur le criminel. C'est toujours sa figure qui fascine : soit, dans un registre léger, mondain, humoristique, le bandit chevaleresque Arsène Lupin, « gentleman-cambrioleur », bafouant l'autorité mais ne volant jamais que les riches, et ne tuant qu'à son corps défendant ; soit, dans un registre plus noir, le criminel international, Larsan, ou les chefs de bandes crimi-

nelles, Zigomar de Sazie, ou le Dr Cornélius de Lerouge. C'est du sein du crime que ressurgit le héros — surhomme, tout-puissant, des romantiques, ambivalent parfois, comme Lupin, ambigu comme bien des héros de Leroux, où le mal se révèle le père du bien, comme Larsan de Rouletabille, ou bien comme le double mythique qui vient habiter le réel le plus banal, comme le bandit Cartouche revenu hanter l'inoffensif bourgeois Théophraste Longuet (*Le chercheur de trésors, Le Matin*, 1903, publié en librairie sous le titre *La double vie de Théophraste Longuet*), souvent aussi franchement démoniaque et criminel, comme le Dr Cornélius. Les criminels ont parfois des adversaires à leur taille : Rouletabille contre Larsan, le détective Tony Paçot, dans *Mirohal* de Sazie (*Le Journal*, 1913-1914), contre Jim Schrader, l'inspecteur Juve et le journaliste Fandor contre l'insaisissable Fantômas. Mais, même si le mal est provisoirement vaincu, c'est toujours l'épopée du crime qui nous est présentée. *G. Leroux* et *M. Leblanc* en sont les principaux chantres.

G. *Leroux (1868-1927)*. — Avocat, chroniqueur judiciaire, grand reporter, G. Leroux mène lui-même, avant de la mettre en scène, la vie trépidante d'un Rouletabille. Si les deux premiers romans où apparaît Rouletabille (*Le mystère de la chambre jaune*, et *Le parfum de la dame en noir*, parus dans le « Supplément littéraire » de *L'Illustration* en 1907 et 1908) sont centrés sur l'énigme policière et la découverte du criminel grâce au jeu scientifique de l'observation et de l'induction logique, les épisodes suivants (il y en aura neuf en tout, publiés entre 1907 et 1922 dans le supplément de *L'Illustration*, dans le mensuel *Je sais tout*, et dans le quotidien *Le Matin*) tiennent plutôt du roman d'aventures où le mystère l'emporte sur l'énigme, et le fantastique sur le policier.

Le crime toutefois n'est jamais absent de l'œuvre de Leroux. Mais le crime n'est pas toujours où on le pense, et le criminel n'est pas toujours celui qu'on croit. L'auteur se plaît à épaissir les ténèbres, à brouiller les identités, à les rendre proprement irrepérables, et d'abord la première de toutes, celle de l'auteur lui-même, insaisissable derrière sa manipulation des grandes figures légendaires (Cartouche, Barbe-Bleue) ou de l'intertexte littéraire, populaire et policier. La geste criminelle, caustique et férocement joyeuse de *Chéri-Bibi*, le roi du bagne, publiée dans *Le Matin* à partir de 1913, nous déroule ainsi les aventures cocasses d'un bagnard au cœur tendre, criminel par un déplorable hasard (« Je suis un type dans le genre d'Œdipe, moi ! »), devenu le destin d'une vie *(« Fatalitas ! »)*, convoquant tout au long d'une bondissante narration les grands mythes et les grands textes : d'Œdipe à *L'homme qui rit*, d'*Hamlet* au chourineur des *Mystères de Paris*. Leroux met aussi en scène des bandes organisées, des contre-pouvoirs criminels : ainsi la « secte de 2 h 1/4 » dans *La reine de Sabbat* (*Le Matin*, 1910-1911), ou, plus tard, la bande des *Mohicans de Babel* (*Le Journal*, 1926).

A côté du maître de l'ombre, *M. Leblanc* (1864-1941) apparaît comme celui de la clarté.

Issu d'un milieu riche et cultivé, il fréquenta Flaubert et Maupassant, écrivit dès 1891 des romans et nouvelles dans la lignée de ce dernier, qui n'eurent aucun succès malgré l'admiration déclarée de Jules Renard et de Léon Bloy. Ce fut en 1904 que, sur la demande du directeur du mensuel *Je sais tout*, il publia la première nouvelle de la série, « L'arrestation d'Arsène Lupin ». Le succès prodigieux qu'elle eut le poussa à continuer et dès lors il publia sans discontinuer les aventures d'Arsène Lupin, dans *Je sais tout*, puis, à partir de 1910, dans le quotidien *Le Journal* (en tout, une vingtaine de titres, publiés entre 1907 et 1939).

Arsène Lupin est le plus romantique de tous ces héros « Belle Epoque ». Dans le décor élégant des milieux aristocratiques et grands bourgeois de l'époque, ayant remplacé le fougueux destrier par le vélo ou l'automobile de course, Arsène Lupin, élégant dandy, ironiste, tout-puissant aux exercices de l'esprit comme à ceux du corps, apte à toutes les métamorphoses (ne dirige-t-il pas les services de la sûreté, pendant cinq ans, sous le nom de M. Lenormand ?), ressuscite les héros — surhommes et ambivalents de l'ère romantique, vengeurs et justiciers, avec ce soupçon de cruauté que seul un Dieu peut se permettre pour rétablir l'ordre dans un monde où domine le Mal. Les aventures d'Arsène Lupin, cependant, appartiennent bien au monde du roman policier, plus spécifiquement que la plupart des romans de Leroux, en ce qu'elles sont presque toujours centrées sur l'affrontement du policier et du criminel, ou, plus souvent encore, sur une lutte à trois termes : la police, le faux criminel (Arsène Lupin), et le vrai criminel qu'Arsène Lupin poursuit, découvre et punit, prenant la place d'une police et d'une justice inefficaces ou aveugles. L'énigme, liée au crime, est le ressort de l'intrigue, assaisonnée d'aventureuses péripéties, le tout dans un style incisif, dépouillé, abondant en dialogues brillants et en mises en scène efficaces, qui font irrésistiblement penser à Dumas.

Bien d'autres feuilletonistes ont, parmi leur abondante production, commis un certain nombre de romans policiers ou criminels en ce début de siècle — *Le Matin* en était particulièrement friand : ainsi Albert Boissière (1866-1939) (*Un crime a été commis...*, *Le Matin*, 1908), ou Jules Mary (l'un des titres de « séries » de ses romans en librairie est « romans judiciaires et de police »), ou encore Rosny aîné (1856-1940). Léon Sazie eut également beaucoup de succès avec ses personnages de criminels hors du commun (*Zigomar* dans *Le Matin*, 1909-1912 ; *Mirobal* dans *Le Journal*, 1913-1914).

Le succès de ces romans criminels, à mi-chemin entre le roman policier et le roman noir, est parfois assuré par les éditions populaires, qui republient le plus souvent les romans-feuilletons, mais commencent aussi à publier des romans écrits directement pour l'édition. C'est ainsi que le feuilletoniste *Gustave Lerouge* (1867-1939), auteur de récits sentimentaux ou de science-fiction, après avoir passé par une période symboliste, publia la série du *Dr Cornélius* en fascicules hebdomadaires chez Tallandier. Ce roman, que Blaise Cendrars, qui l'admirait beaucoup, qualifiait de « roman d'aventures scientifico-policières », a été diffusé à 200 000 exemplaires.

De même la série des 32 *Fantômas* fut publiée chez Fayard par les feuilletonistes *Marcel Allain* (1885-1969) et *Pierre Souvestre* (1874-1914), entre 1909 et 1914 ; ils ont eu un immense succès populaire mais ont fait aussi la joie des surréalistes : Apollinaire, Max Jacob, Cocteau, Queneau, Aragon ont prodigué leurs éloges à Fantômas, et R. Desnos l'a immortalisé dans sa célèbre *Complainte*, mise en musique par Kurt Weil.

L'écriture de ces romans — au moins chez les maîtres, Leroux, Leblanc, Lerouge, Allain-Souvestre — fait du roman un double infidèle, incertain, ironique, de toute une tradition feuilletonesque et populaire antérieure, ouvertement pillée comme un répertoire de situations, de personnages, d'images, de péripéties, insolemment exhibée par le biais de la parodie, du grossissement, du pastiche, de la citation sous toutes ses formes possibles. Cet hommage associé à cette prise de distance qui renouvelle le genre, on les retrouve dans le domaine du roman historique, particulièrement dans la série des *Pardaillan* de Michel Zévaco.

3. Le renouveau du roman historique

Michel Zévaco (1860-1918) vint au journalisme après une courte carrière dans l'enseignement (d'où il fut renvoyé pour ses activités anarchistes) et un épisode militaire de cinq ans. Il anima un quotidien socialiste, *L'Egalité*, de 1889 à 1891, puis collabora à divers journaux avant d'écrire, en 1900, le premier de ses romans-feuilletons historiques à succès, *Borgia*, suivi du *Pont des soupirs*, dans *La Petite République socialiste*. Le succès ne le quitta plus, et, à partir de 1906, c'est dans le grand quotidien populaire *Le Matin* que Zévaco publia la plupart de ses romans, entre autres la série des aventures du chevalier de *Pardaillan*, dans sa lutte contre les Guise et la grande ennemie, Fausta Borgia : l'ensemble de la geste fut ensuite repris par « Le livre populaire » (Fayard).

Proche un peu de Féval (Pardaillan, tout-puissant héros du Bien, est un frère de Lagardère, mais il est bien d'autres rapprochements possibles entre les deux romanciers, en particulier dans l'écriture du fantastique), de Dumas (le père mythique, de toute façon, de la horde des romanciers historiques du siècle, mais Zévaco, qui peut faire figure de fils aîné, lui doit beaucoup, et les aventures de Pardaillan se déroulent précisément à cette période des guerres de religion et des derniers Valois, à laquelle Dumas a consacré un de ses grands cycles), Zévaco l'est aussi de Hugo, avec un style porté, comme le sien, aux antithèses et aux images saisissantes, à l'alliance du grotesque et du sublime (certains passages des Pardaillan ne sont pas, d'ailleurs, sans rappeler *Notre-Dame de Paris*). Zévaco renouvelle le roman d'aventures historiques en lui redonnant une portée mythique qu'il avait quelque peu perdue. Il crée un monde bien à lui, univers baroque, lyrique, où s'affrontent des personnages énormes en des combats épiques, n'évitant jamais le mélodrame, mais le poussant au contraire jusqu'à l'expressionnisme le plus outré. C'est par l'excès que se signalent les meilleurs romans-feuilletons de ce début du siècle.

A côté des Pardaillan, évoluent des personnages, il faut le dire, nettement plus fades. Paul Féval fils (1860-1933) continue à donner des suites aux aventures de Lagardère (*Les chevauchées de Lagardère*, 1909, *Cocardasse et Passepoil*, 1909), sans beaucoup renouveler le genre, tandis que la plupart des autres romans historiques paraissent plutôt des variantes du roman sentimental. Ainsi en est-il, par exemple, des œuvres de *Georges Spitzmüller* (1867-1926). *Maurice Landay* (1875-1931) fait paraître avec un certain succès, d'octobre 1911 à octobre 1913, les 25 volumes de sa série *Carot coupe-tête*, qui se déroulent pendant la Révolution, dans « Le livre populaire » d'Arthème Fayard.

Cependant que le roman historique, ainsi, se maintient sans grande nouveauté, à l'exception de l'œuvre de Zévaco, un genre se développe, dont les débuts s'étaient affirmés dans les années précédentes : le roman de science-fiction.

4. **Science-fiction et anticipation.** — Le roman de science-fiction, qui commence à se développer dans les années 70, et trouve déjà alors dans l'Anglais *H. G. Wells* un de ses premiers maîtres, prend surtout son essor en France au début du XXᵉ siècle. Il sort alors des revues spécialisées, et se diffuse par l'intermédiaire des grands quotidiens comme *Le Journal* et *Le Matin*. Comme l'élément policier, l'élément de science-fiction intervient dans de nombreux romans, sans y constituer, cependant, le ressort principal de l'intrigue. Mais les développements nouveaux de la science et de la technique, les possibilités qu'elles ouvrent et les dangers qui leur sont liés, fournissent à l'aventure non seulement de nouveaux objets et de nouveaux instruments, mais aussi de nouveaux espaces et de nouveaux buts. Après la période d'euphorie et d'optimisme des premiers romans verniens, les dangers de la science semblent l'emporter dans l'imaginaire. Le personnage du savant fou, tout-puissant par la science pour la destruction, apparaît de façon insistante dans plus d'un roman, de *Maître du Monde* de Jules Verne (paru dans *Le Magazine d'Education et de Récréation* en 1904) au *Mystérieux Dʳ Cornélius* de Lerouge.

L'espace et le temps humains s'ouvrent vers des au-delà de rêve (et souvent de cauchemar) cautionnés par une science prise pour garante de l'invérifiable et de l'incroyable. Voyages et aventures projettent maintenant les héros (et le lecteur à sa suite) dans la préhistoire ou dans les étoiles. *J. H. Rosny aîné* a illustré les deux genres : *Vamireh* (1906), *La guerre du feu* (1909), *Le félin géant* (1919), sont des romans préhistoriques, ou, comme l'on disait parfois alors « darwiniens ». *Haraucourt*, un des conteurs les plus demandés du *Journal*, écrit également nouvelles ou romans de ce genre (*Homme à homme, Le Journal*, 1913). Mais le voyage intersidéral, illustré déjà par Verne et Wells, se répand aussi. Avant *Navigateur de l'infini* de Rosny (1927), G. Lerouge écrit *Le prisonnier de la planète Mars*, suivi de *La guerre des vampires* (1909). *Jean de La Hire* (pseudonyme d'Adolphe d'Espic de La Hire, 1878-1956) fascine les foules en 1908 avec *La roue fulgurante*, publiée dans *Le Matin* et dédiée à Zévaco. Mais si les Terriens peuvent voyager dans les étoiles, les habitants des étoiles doivent aussi pouvoir nous rendre visite. Le thème des « envahisseurs » étranges autant qu'étrangers par essence, puisque d'une nature différente de la nôtre, inspire plus d'un roman. Citons, parmi d'autres, *Les Xipéhuz* (1888) et *La mort de la Terre* (1908) de Rosny aîné.

Souvent prétexte au déploiement d'images terrifiantes et de spectacles de la cruauté qui l'inscrivent dans la lignée du roman noir, la science-fiction côtoie aussi le fantastique. Le spiritisme et l'hypnotisme sont largement mis à contribution (voir par exemple *Le chercheur de trésors*, 1903 et *Le fauteuil hanté*, 1912, de G. Leroux). De façon générale, dans les œuvres de fiction, la science prend la relève de la magie, plus qu'elle n'en prend le contrepied : les développements de la psychologie, de la biologie, de la paléontologie, de l'astronomie, alimentent les vieux rêves d'invisibilité, d'immortalité, de contrôle de la nature, et la science moderne, des greffes humaines aux travaux sur le radium, paraît occupée du même rêve que l'occultisme du Moyen Age : découvrir le secret de la vie, celui de la création. Du mutant au robot, des voyages intersidéraux aux invasions d'extra-terrestres, de la remontée du temps à la projection dans l'infini, tous les thèmes de la science-fiction, telle qu'elle va se développer dans les décennies suivantes, commencent, dès ces premières années du XXe siècle, à atteindre le grand public, par le biais des journaux et des éditions populaires.

Ce lent développement, à côté du roman sentimental triomphant dans les dernières années du XIXe siècle, de genres comme le roman de science-fiction ou le roman policier, ce renouveau dans l'invention et l'écriture feuilletonesques, assuré par des auteurs comme Leroux, Leblanc, Zévaco, Rosny, et d'autres encore, aboutissent parfois à quelques révisions ou du moins atténuations critiques, dans le débat qui, depuis les débuts du roman-feuilleton, accompagne la production et la lecture du roman.

5. **Critique et roman-feuilleton.** — Le divorce qui ne cesse de s'accroître entre grand public et avant-gardes culturelles (Mallarmé, Jarry...), l'élitisation exacerbée de ces avant-gardes ont pour corollaire une opposition moins marquée entre roman « littéraire » et roman « populaire » — les deux se trouvant, dans l'immense majorité des cas, de toute façon rejetés hors du cercle avant-gardiste. D'autre part, des auteurs comme Jules Mary, H. J. Magog, J. H. Rosny, J. de La Hire, même Zévaco ou Leroux, mêlés au mouvement littéraire ou actifs dans le journalisme politique, ont un succès à la fois littéraire et populaire, dans le grand public et dans les cercles cultivés, qui remet en question limites et exclusions.

C'est ainsi qu'en 1905 *Le Gaulois* lança une enquête tendant à réhabiliter le roman populaire.

A la même époque, Marcel Prévost essaie de relancer le « roman romanesque », et René Bazin plaide pour un roman réellement populaire encore à venir. Ceux qui méprisent le plus le roman-feuilleton sur le plan esthétique, tel A. France, en concèdent l'intérêt pour l'étude des mentalités. D'autre part, l'évolution des éditeurs vers une politique du livre à bon marché et la constitution d'une histoire et d'une tradition du roman moderne tendent à amalgamer dans une culture « de masse » des auteurs « populaires » et « littéraires ». Ce mélange sera favorisé par le rapprochement forcé des classes opéré par la guerre de 1914-1918. La plupart des éditeurs de romans diffusent à la fois, dans des collections accessibles à un public peu fortuné, des auteurs devenus « classiques » (Hugo, Zola), des romanciers « littéraires » (Paul Bourget, Pierre Benoît) et des romanciers « populaires » (les succès du jour). Ainsi, au témoignage de Jean de La Hire (en 1929), Paul Bourget, diffusé par la Petite Bibliothèque Plon, se vend dans les classes populaires autant que Montépin. Ollendorff publie Maupassant comme Georges Ohnet. Cette tendance à la constitution d'une culture « moyenne », sensible aussi au niveau de la presse, coexiste toutefois, en ces premières décennies du XXe siècle, avec une tendance, inverse, à la constitution de collections spécialisées pour la diffusion des seuls romans populaires. Ces collections, qui reproduisent d'abord des romans-feuilletons, s'autonomiseront de plus en plus par la suite.

6. **Les éditions populaires.** — Les modes d'édition antérieurs subsistaient. Les journaux vendaient des reliures pour leurs feuilletons, émettaient des livres en fascicules. D'autre part, la vente par livraisons (hebdomadaires ou bihebdomadaires), à 1 ou 2 sous la livraison, se pratiquait encore beaucoup. On y trouvait

mêlées les œuvres les plus classiques (Chateaubriand) avec les ro... ans-feuilletons à la mode, de même que dans les petits volumes vendus de 1 à 3 F. Certains romanciers-feuilletonistes se lancèrent dans l'entreprise, comme le romancier Michel Morphy (1863-1928). Les librairies aussi s'en mêlaient parfois. Mais ce sont surtout les éditeurs qui exploitent la formule, Ferenczi, Fayard, Rouff, Tallandier. Le plus célèbre était l'éditeur Eichler, qui inondait l'Europe de ses fascicules illustrés, publiant ainsi les séries de Nick Carter, Buffalo Bill, Nat Pinkerton, et de très nombreux autres romans, pas toujours signés.

Mais dans les années 1900, prend une nouvelle ampleur le phénomène des *collections populaires*. Fayard lance ainsi, en 1905, « Le livre populaire », reprenant le fonds ancien des éditeurs Dentu (« Les maîtres du roman ») et Geffroy, c'est-à-dire, en gros, tous les succès anciens du roman-feuilleton moderne, et y joignant l'édition originale des romans-feuilletons de la presse quotidienne contemporaine, dans une version parfois abrégée et avec des titres sujets au changement. Chaque volume, tiré à 100 000 exemplaires, coûtait 65 centimes et portait une couverture illustrée par un maître de l'affiche. A la même époque et sur le même modèle, Tallandier lance « Le livre national » (1909), Ferenczi « Le petit livre » (1912). Rouff et Juven ont également leurs collections à 65 centimes. Petit à petit, en se multipliant et en publiant de plus en plus d'inédits dans les deux décennies suivantes, les collections populaires prendront le relais du roman-feuilleton, puis tendront à le supplanter, de même que le cinéma naissant, élargissant d'abord l'audience du feuilleton, finira par se substituer à lui. Les collections populaires accentuèrent alors la tendance à la sérialisation en diversifiant leurs intitulés : « La Bibliothèque Fémina » (Juven), les « Romans célèbres de drame et d'amour » (Tallandier), s'opposent aux « Romans de cape et d'épée », aux « Beaux romans de l'histoire », ou à la série « Crimes et châtiments » (série Tallandier).

Dès les années 30, et surtout après la deuxième guerre, le livre a presque entièrement supplanté le journal pour la diffusion de l'œuvre de fiction, le feuilleton n'est plus qu'un mode mineur et sporadique de cette diffusion. Mais le livre est lui-même supplanté par un autre médium : l'image. C'est aussi en ce début de siècle que commence à s'opérer ce changement décisif, et, là encore, le roman-feuilleton fera office de rampe de lancement.

7. Les débuts du cinéma.

— Dès 1910, de petits cinémas ambulants, comme autrefois les troupes de théâtre, passaient des adaptations filmées, sous forme abrégée, des grands succès du roman populaire. A partir de 1914, des salles fixes s'installèrent dans les villes. Elles étaient très fréquentées par le public populaire. Ce fut en 1915 que naquit en France, à l'imitation des *serials* américains, le « film-feuilleton » : il sortait sur les écrans en épisodes hebdomadaires, qui étaient publiés, simultanément, en feuilletons quotidiens dans un grand journal. C'est Pierre Decourcelle qui fut chargé d'adapter ainsi, dans *Le Matin*, *Les mystères de New York*, rassemblant 22 épisodes choisis par Pathé Frères dans plusieurs *serials* américains. La publication/parution de ce film-feuilleton dura du 27 novembre 1915 au 28 avril 1916 ; il eut un succès populaire énorme et devint le film fétiche des surréalistes.

De nombreux feuilletonistes français s'intéressèrent de près au cinéma naissant : Decourcelle, J. Mary, A. Bernède, Zévaco, Spitzmüller, G. de Téramond... Decourcelle, directeur artistique de la SCAGL (la Société cinématographique des Auteurs et Gens de Lettres), fondée par Pathé en 1908, s'occupa d'adapter à l'écran les romans contrôlés par la Société des Gens de Lettres, pour la plupart d'anciens romans-feuilletons. Jules Mary créa, à la Société des Gens de Lettres, la Commission du Cinéma et de la Traduction (avec Paul Féval, Marc Mario, Paul d'Ivoi, G. Toudouze...) qui se chargea d'élaborer le statut du roman-cinéma. Plusieurs de ses films furent adaptés en *serials*. Arthur Bernède s'associa à Feuillade, déjà réalisateur de *Fantômas*, pour réaliser *Judex* en cinéroman, et, après la guerre, administra la Société des Cinéromans (département des scénarios) : les romans paraissaient dans *Le Matin*, *Le Journal*, *L'Echo de Paris*, *Le Petit Parisien*, les films étaient réalisés par les metteurs en scène de renom de l'époque : Henri Fescourt, René Leprince, Germaine Dulac, etc. Ainsi parut *Belphégor* (Bernède/ Henri Desfontaines) en 1926. *Rouletabille chez les bohémiens*, scénario et feuilleton de G. Leroux, fut tourné par Henri Fescourt en 1922. Le cinéroman était prolongé par la publication en fascicules illustrés de photos tirées du film. Le cinéroman déclina vers la fin des années 20, avec l'avènement du parlant, et le déclin du feuilleton lui-même. Désormais, le cinéma se développe de façon indépendante du feuilleton, même si son histoire, jusqu'à nos jours, reste très liée à celle du roman, en particulier populaire.

De 1875 à 1914, le roman-feuilleton accomplit donc la dernière mutation de son histoire précontemporaine. Il entre, avec la presse, dans l'ère des médias modernes, et se trouve en concurrence avec d'autres formes — qui deviendront de plus en plus diverses — de la culture de masse. C'est alors que se fixent les genres actuels du roman de grande consommation :

roman policier et criminel, roman « rose » ou senti-mental, science-fiction, fresque historique. C'est alors aussi, qu'après avoir atteint son plus grand niveau de stéréotypisation, il rebondit en formes nouvelles, signe du dynamisme d'un genre — le roman — et des voies multiples qui lui sont ouvertes, même au sein des contraintes de la communication de masse.

CONCLUSION

Tout au long du XIXe siècle, le feuilleton a été le mode de circulation de l'immense majorité des romans dans le corps social. Développement de la presse, et développement du roman comme forme dominante de la littérature de masse sont, on l'a vu, allés de pair. C'est le feuilleton en effet qui met en relation public et roman, provoque une demande toujours renouvelée, renforce la pression de l'imaginaire collectif sur celui du romancier. C'est lui qui forge les conditions de l'échange culturel, avec lesquelles doit compter tout romancier, celui qui cherche à investir les lieux communs de l'imaginaire et de l'idéologie comme celui qui tente de les subvertir.

L'opposition entre ces deux tendances n'a fait que croître, nous l'avons vu, au cours du siècle. Alors que l'esthétique romantique s'accommode assez bien, dans l'ensemble, d'une représentation épique du social, d'une forme dramatique du récit, et d'une critique du réel par la construction d'une figure héroïque, qui séduisent le public du journal, l'écart se creuse avec l'esthétique réaliste et naturaliste : le public populaire ne plébiscite guère la description de la bêtise et de la médiocrité du quotidien, et lui préfère les aventures de Lagardère ou de Rocambole, ou encore les romans policiers de Gaboriau,

119

les voyages imaginaires de Jules Verne ou le Far West de G. Aimard. Dans ses tentatives d'épopées familiales et sociales (Zola, Malot...) toutefois, le naturalisme n'est pas sans rapport avec les formes populaires du feuilleton qu'il rejette et stigmatise par ailleurs. La contestation symboliste des formes narratives traditionnelles, si elle entraîne un rejet du roman, ou une subversion de la forme romanesque qui la rend inaccessible au grand public, s'accompagne aussi d'un renouvellement au sein même du roman-feuilleton populaire : Leroux, Leblanc, Zévaco apportent un souffle nouveau dans une production qui peu à peu, avec le développement de la grande presse populaire, était devenue extrêmement stéréotypée et répétitive.

L'histoire du roman-feuilleton, bien entendu, comme celle de toute manifestation culturelle, ne se laisse pas isoler de l'histoire sociale et politique. Nous avons essayé de montrer comment, de la contestation romantique au conservatisme bourgeois des débuts de la IIIᵉ République, puis à la prise de distance anarchisante des années 1900, en passant par le désengagement politique du Second Empire, le roman-feuilleton a toujours été, comme le dit J. Tortel, « lié au fonctionnement d'une durée historique qui est la nôtre ».

Si le roman-feuilleton conserve une certaine importance jusque dans les années 1940, on entre, dès le début du siècle, et surtout après la première guerre mondiale, dans l'histoire moderne de la culture de masse, dont le roman-feuilleton n'est que la préhistoire. Certes, il n'y a pas rupture, mais continuité entre les deux : la BD, le cinéma (qui naît en étroite liaison avec le roman-feuilleton, avant de s'en séparer), la radio, puis la télévision donnent, dès le départ et encore de nos jours, en les adaptant avec les moyens qui leur sont propres, une nouvelle jeunesse à bien des romans-feuilletons du XIXᵉ siècle. Ces nouveaux médias adoptent d'ailleurs immédiatement la technique du feuilleton à épisodes ou de la série. D'autre part le cinéma, aujourd'hui encore, puise souvent ses scénarios dans les genres populaires issus du feuilleton : roman historique, policier, science-fiction... Malgré le changement du médium, messages, techniques, fonctions restent donc souvent les mêmes : Zorro continue Lagardère, Rambo prend la relève de Rocambole. Et, à l'intérieur de chaque médium se reconstitue le dilemme familier entre formes « populaires » et formes « élitaires » de l'expression et de la communication culturelles.

Mais dans ce vaste ensemble le roman-feuilleton n'a plus de spécificité propre. Le journal n'est plus en effet le canal privilégié du roman. Le livre est devenu désormais plus accessible, grâce à l'élévation du niveau de vie, par l'intermédiaire aussi des bibliothèques, et l'édition s'est beaucoup diversifiée. Le phénomène des collections populaires, qui se développe d'abord, au début du siècle, dans la foulée du roman-feuilleton, a, de nos jours, une existence autonome, et encore vivace : séries policières ou séries noires, science-fiction, collections « Harlequin » (souvent vendues en abonnement, avec une périodicité régulière).

Par ailleurs, les collections de poche mettent à la portée du public, dans un brassage quelque peu hétéroclite, grands romans du passé (déterminés comme tels par l'Institution, scolaire, universitaire, etc.) et succès du moment, promus par la télévision, le cinéma, les prix littéraires... Diversité des médias, diversité des médiations, c'est la condition actuelle du roman. Cette condition, elle est dessinée dès le XIXᵉ siècle avec l'entrée de la fiction romanesque, par le médium du journal, dans le quotidien de l'homme démocratique : tel est l'enseignement du roman-feuilleton.

CHRONOLOGIE

1836 (juillet)	Création du journal à 40 F : *La Presse* d'E. de Girardin, *Le Siècle* d'A. Dutacq. Apparition du roman-feuilleton.
1842-1843	E. Sue, *Les mystères de Paris (Journal des Débats).*
1844-1845	E. Sue, *Le Juif errant (Le Constitutionnel)* ; A. Dumas, *Les trois mousquetaires (Le Siècle)* ; A. Dumas, *Le comte de Monte-Cristo (Le Journal des Débats).*
1850 (juillet)	Amendement Riancey : timbre extraordinaire imposé aux journaux publiant des feuilletons.
1852 (février)	Décrets sur la presse. La presse politique est muselée. Suppression du timbre Riancey.
1857	P. Féval, *Le bossu (Le Siècle).*
1857-1862	Ponson du Terrail, *Les drames de Paris (La Patrie).*
1860	Légère libéralisation du régime de la presse. Développement de la presse d'information.
1863	Création du *Petit Journal,* quotidien à 1 sou. Vente au numéro. P. Féval, *Les Habits noirs (Le Constitutionnel).* La série : 1863-1875.
1866	Ponson du Terrail, *La résurrection de Rocambole (Le Petit Journal)* ; Gaboriau, *L'affaire Lerouge (Le Pays* puis *Le Soleil), Le crime d'Orcival (Le Petit Journal)* ; *Le Petit Journal* utilise la presse rotative de Marinoni, sans cesse perfectionnée entre 1863 et 1914, qui résout le problème des grands tirages.
1867	Ponson du Terrail, *Le dernier mot de Rocambole (La Petite Presse)* ; P. Zaccone, *L'affaire du courrier de Lyon (Le Petit Journal).*
1869	Affaire Tropmann.
1870	Libéralisation des lois sur la presse.

1875	E. Richebourg, *L'enfant du faubourg* (*Le Petit Journal*).
1876	Fondation du *Petit Parisien*.
1881 (29 juillet)	Lois sur la presse.
1882	G. Ohnet, *Le maître de forges* (*Le Figaro*).
1884	Fondation du *Matin*. X. de Montépin, *La porteuse de pain* (*Le Petit Journal*).
1886	J. Mary, *Roger la Honte* (*Le Petit Journal*).
1889	Ch. Mérouvel, *Chaste et flétrie* (*Le Petit Parisien*) ; P. Decourcelle, *Les deux gosses* (*Fanfan*) (*Le Petit Parisien*).
1890	Mise en service de la linotype.
1892	Fondation du *Journal*. Exécution de Ravachol.
1894	Paul d'Ivoi, *Les cinq sous de Lavarède*.
1900-1915	Exploits de la bande Jacob.
1903	G. Leroux, *Le chercheur de trésors* (*Le Matin*).
1906	M. Zévaco, *Le Capitan* (*Le Matin*).
1910	Léon Sazie, *Zigomar* (*Le Matin*) ; Maurice Leblanc, *813* (*Le Journal*).
1912	Extermination de la bande à Bonnot.

BIBLIOGRAPHIE

Abraham (P.), Desné (R.) (éd.), *Manuel d'histoire littéraire de la France,* t. IV (2), Paris, 1973, t. V, Paris, 1977 (art. de M. Bouvier-Ajam, R. Guise, J. Goimard, J. Raabe, R. Bellet, J. Bellemin-Noël).

Angenot (M.), *Le roman populaire. Recherches en paralittérature,* Montréal, 1975.

Arnaud (N.), Lacassin (F.), Tortel (J.) (éd.), *Entretiens sur la paralittérature,* Paris, 1970.

Bellanger (Cl.), Godechot (J.), Grimal (P.), Terron (F.) (éd.), *Histoire générale de la presse française,* t. 2, Paris, 1969, t. 3, Paris, 1972.

Bellet (R.), *Presse et journalisme sous le Second Empire,* Paris, 1967.

Bonniot (R.), *Emile Gaboriau ou la naissance du roman policier,* Paris, 1985.

Bory (J.-L.), *Eugène Sue, dandy mais socialiste,* Paris, 1962.

Bory (J.-L.), Premiers éléments pour une esthétique du roman-feuilleton, dans *Musique II. Tout feu, tout flamme,* Paris, 1966.

Chartier (R.), Martin (H. J.), *Histoire de l'édition,* t. III et IV, Paris, 1985, 1986.

Europe, numéro spécial, *Le roman-feuilleton,* 542, juin 1974.

Fritz-El Ahmad (Dorothée), *Untersuchungen zu den Feuilletonromanen von Paul Féval,* Frankfurt am Main, 1986.

Georlette (R.), *Le roman-feuilleton français,* Bruxelles, 1955.

Grivel (Ch.), *Production de l'intérêt romanesque,* The Hague, Paris, 1973.

Guise (R.), *Le phénomène du roman-feuilleton (1828-1848). La crise de croissance du roman,* atelier des thèses de Lille, reprogr. ; 1986 (thèse d'Etat, Nancy, 1975).

Guise (R.), Neuschäfer (H. J.) (éd.), *Richesses du roman populaire,* Nancy, Sarrebrück, 1986.

Hatin (E.), *Bibliographie historique et critique de la presse périodique française,* Paris, 1865.

Klotz (V.), *Abenteuer-Romane. Sue, Dumas, Ferry, Retcliff, May, Verne,* München/Wien, 1979.

Messac (R.), *Le « Detective Novel » et l'influence de la pensée scientifique,* Paris, 1929.

Nathan (Michel), *Anthologie du roman populaire, 1836-1918,* Paris, 1985.

Nettement (A.), *Etudes critiques sur le feuilleton-roman,* Paris, 1845-1846 (2 vol.).

Neuschäfer (H. J.), *Populärromane in 19. Jh. von Dumas bis Zola,* München, 1976.

Neuschäfer (H. J.), Fritz-El Ahmad (D.), Walker (K. P.), *Der Französische Feuilletonroman,* Darmstadt, 1986.

Olivier-Martin (Y.), *Histoire du roman populaire en France de 1840 à 1980,* Paris, 1980.

125

Romantisme, n° 53, 3ᵉ trimestre 1986, « Littérature populaire ».

Siepe (H. T.), *Abenteuer und Geheimnis. Untersuchungen zu Strukturen und Mythen des Populärromans bei Gaston Leroux*, Frankfurt, 1988.

Thiesse (A. M.), *Le roman du quotidien. Lecteurs et lectures populaires à la Belle Epoque*, Paris, 1984.

Tortel (J.), Le roman populaire, dans *Histoire des littératures*, t. 3 : *Littératures françaises connexes et marginales*, Paris, Gallimard (« Pléiade »), 1958.

Trames, Littérature populaire : peuple, nation, région, Limoges, 1988.

Walter (K. P.), *Die « Rocambole » Romane von Ponson du Terrail. Studien zur Geschichte des Französischen Feuilletonromans*, Frankfurt, 1986.

Les Editions Laffont (coll. « Bouquins ») ont fait d'utiles rééditions des maîtres du roman populaire (dir. F. Lacassin).

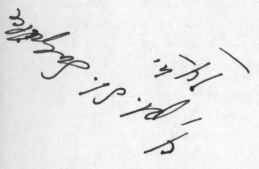

TABLE DES MATIÈRES

Imprimé en France
Imprimerie des Presses Universitaires de France
73, avenue Ronsard, 41100 Vendôme
Mai 1989 — No 34 616